走进大学
DISCOVER UNIVERSITY

什么是法学?

WHAT IS LEGAL SCIENCE?

陈柏峰 主编
资琳 杨柳 刘筱彤 副主编

大连理工大学出版社
Dalian University of Technology Press

图书在版编目(CIP)数据

什么是法学？/陈柏峰主编. -- 大连：大连理工大学出版社，2022.7
ISBN 978-7-5685-3803-9

Ⅰ.①什… Ⅱ.①陈… Ⅲ.①法学－通俗读物 Ⅳ.①D90－49

中国版本图书馆 CIP 数据核字(2022)第 070467 号

什么是法学？ SHENME SHI FAXUE?

出 版 人：苏克治
责任编辑：于建辉　张　泓
责任校对：裘美倩
封面设计：奇景创意

出版发行：大连理工大学出版社
　　　　　（地址：大连市软件园路 80 号，邮编：116023）
电　　话：0411-84708842(发行)
　　　　　0411-84708943(邮购)　0411-84701466(传真)
邮　　箱：dutp@dutp.cn
网　　址：http://dutp.dlut.edu.cn

印　　刷：辽宁新华印务有限公司
幅面尺寸：139mm×210mm
印　　张：7.25
字　　数：122 千字
版　　次：2022 年 7 月第 1 版
印　　次：2022 年 7 月第 1 次印刷
书　　号：ISBN 978-7-5685-3803-9
定　　价：39.80 元

本书如有印装质量问题，请与我社发行部联系更换。

出版者序

高考,一年一季,如期而至,举国关注,牵动万家!这里面有莘莘学子的努力拼搏,万千父母的望子成龙,授业恩师的佳音静候。怎么报考,如何选择大学和专业,是非常重要的事。如愿,学爱结合;或者,带着疑惑,步入大学继续寻找答案。

大学由不同的学科聚合组成,并根据各个学科研究方向的差异,汇聚不同专业的学界英才,具有教书育人、科学研究、服务社会、文化传承等职能。当然,这项探索科学、挑战未知、启迪智慧的事业也期盼无数青年人的加入,吸引着社会各界的关注。

在我国,高中毕业生大都通过高考、双向选择,进入大学的不同专业学习,在校园里开阔眼界,增长知识,提升能力,升华境界。而如何更好地了解大学,认识专业,明晰人生选择,是一个很现实的问题。

为此,我们在社会各界的大力支持下,延请一批由院士领衔、在知名大学工作多年的老师,与我们共同策划、组织编写了"走进大学"丛书。这些老师以科学的角度、专业的眼光、深入浅出的语言,系统化、全景式地阐释和解读了不同学科的学术内涵、专业特点,以及将来的发展方向和社会需求。希望能够以此帮助准备进入大学的同学,让他们满怀信心地再次起航,踏上新的、更高一级的求学之路。同时也为一向关心大学学科建设、关心高教事业发展的读者朋友搭建一个全面涉猎、深入了解的平台。

我们把"走进大学"丛书推荐给大家。

一是即将走进大学,但在专业选择上尚存困惑的高中生朋友。如何选择大学和专业从来都是热门话题,市场上、网络上的各种论述和信息,有些碎片化,有些鸡汤式,难免流于片面,甚至带有功利色彩,真正专业的介绍尚不多见。本丛书的作者来自高校一线,他们给出的专业画像具有权威性,可以更好地为大家服务。

二是已经进入大学学习,但对专业尚未形成系统认知的同学。大学的学习是从基础课开始,逐步转入专业基础课和专业课的。在此过程中,同学对所学专业将逐步加深认识,也可能会伴有一些疑惑甚至苦恼。目前很多大学开设了相关专业的导论课,一般需要一个学期完成,再加上面临的学业规划,例如考研、转专业、辅修某个专业等,都需要对相关专业既有宏观了解又有微观检视。本丛书便于系统地识读专业,有助于针对性更强地规划学习目标。

三是关心大学学科建设、专业发展的读者。他们也许是大学生朋友的亲朋好友,也许是由于某种原因错过心仪大学或者喜爱专业的中老年人。本丛书文风简朴,语言通俗,必将是大家系统了解大学各专业的一个好的选择。

坚持正确的出版导向,多出好的作品,尊重、引导和帮助读者是出版者义不容辞的责任。大连理工大学出版社在做好相关出版服务的基础上,努力拉近高校学者与

读者间的距离,尤其在服务一流大学建设的征程中,我们深刻地认识到,大学出版社一定要组织优秀的作者队伍,用心打造培根铸魂、启智增慧的精品出版物,倾尽心力,服务青年学子,服务社会。

"走进大学"丛书是一次大胆的尝试,也是一个有意义的起点。我们将不断努力,砥砺前行,为美好的明天真挚地付出。希望得到读者朋友的理解和支持。

谢谢大家!

苏克治
2021 年春于大连

前　言

法治是人类文明的重要成果，也是现代文明的重要标志。世界上多数国家都将法治作为基本治国方式。我国把法治作为治国理政的基本方略，坚持全面依法治国，建设中国特色社会主义法治体系，建设社会主义法治国家，在法治轨道上推进国家治理体系和治理能力现代化。

全面依法治国，要求依法治国、依法执政、依法行政共同推进，坚持法治国家、法治政府、法治社会一体建设，推进科学立法、严格执法、公正司法、全民守法。这意味着政治、经济、社会、文化等各个领域都依法建设，政府、公民、企业、社会组织等各种主体都需要依法行为。换言

之，大到国家大事，小到个人言行，都置于法治框架下，需要遵循法治。

在全面依法治国背景下，法学逐渐成为一门大众感兴趣、想探索的学问。人们常常被各种法律现象和法学问题所困扰，对婚姻、合同、侵权、违法、犯罪、刑罚、规制、垄断、管辖等现象感到迷惑，对立法、执法、司法、监察等活动倍加关注，对权利、义务、权力、责任等词语似懂非懂。法学专业在解决上述困扰方面，有着不可替代的作用和优势。在大众的印象里，法学是一门以"规则"为核心元素和主要特征的学问。"规则"无处不在，理解这些"规则"并具备运用"规则"的能力，就是法学专业的学习任务。

法学专业学习的"规则"十分广泛：不仅涵盖调整国家根本关系的宪法、保护人身关系与财产关系的民商法、调整行政管理和行政服务的行政法、规定犯罪和刑罚的刑法，还包括调控市场经济的经济法、保护弱者权益的社会法、保障人与自然和谐共生的环境法；不仅包括立法、执法、司法、监察等国家权力的依法运行体系，还包括律师、仲裁、公证、公司法务等市场经济的法律服务体系;不仅包括一国之内的各种规则,还包括跨国涉外规则和国际组织规则。对每个方面规则的深度探究,都会让人们踏入一个法学分支学科的领地,这些领地与人类生活密切相关,从而使学习和探究过程充满乐趣。

本书尽可能用通俗的语言全面讲述法学是什么、学什么和做什么,注重普及性、可读性和趣味性。实际上,法学学科之下有十多个二级学科,且近年来呈现不断增长的趋势。可以说法学既是最古老的学科之一,又是当今中国的朝阳学科和专业。在一代又一代法律人的不懈努力下,法学早已成为一个成熟的学科和专业,又因时势而产生了蓬勃发展的新空间,前景光明,未来可期。

本书由中南财经政法大学的专家合作撰写。全书共有六章,分别为:走近法学、法律调整的基本关系、法律发展的重点领域、国家权力的依法运行、市场经济的法律服务和法治人才的培养体系。陈柏峰撰写第一章,第六章第一、二、三节;资琳撰写第二章第一、二节,第四章第一节;刘筱彤撰写第二章第三节、第五章第一节、第六章第

四节;杨柳撰写第二章第四节,第四章第四节;于龙刚撰写第三章第一节,第四章第三节;刘杨撰写第三章第二节,第四章第二节;龚春霞撰写第三章第三节,第五章第二、三、四节。全书由陈柏峰担任主编,资琳、杨柳、刘筱彤担任副主编。

在编写本书的过程中,编者参阅了大量资料,谨向有关作者表示感谢。本书力图用通俗语言表达专业内容,因此编写难度极大。尽管编者尽了最大努力,但限于水平,难免存在不足之处,衷心希望广大读者和专家学者提出宝贵意见。

编者

2022 年 4 月

目　录

走近法学 / 1

法学的历史 / 2

西方法学的历史 / 2

中国法学的历史 / 5

法学:探究法律现象的规律 / 8

社会现象和法律现象 / 8

法律现象的规律 / 11

法律:规范和意义的交结 / 14

规定权利和义务的行为规范 / 14

承载社会生活的价值和意义 / 18

当代中国的法律体系和法学体系 / 20

当代中国的法律体系 / 20

当代中国的法学体系 / 22

法律调整的基本关系 / 26

宪法:国家的根本大法 / 27

宪法的产生与发展 / 27

国家性质和国家形式 / 29

公民的基本权利和义务 / 31

国际关系中的国家与公民 / 34

民商法:市民社会的基本法 / 38

民法:权利保护的基本法律 / 38

人身与财产:形形色色的民事权利 / 41

商法:保障安全交易和便捷营利 / 45

涉外民商事关系的调整 / 52

行政法:调整行政关系的法律 / 55

行政法速写 / 55

行政法的"三最" / 59

行政法要求"平衡的艺术" / 60

依法行政是行政法的灵魂 / 62

刑法:规定犯罪和刑罚的法律 / 66

　刑法是最严厉的法律 / 66

　犯罪的类型 / 70

　刑法的管辖范围 / 74

法律发展的重点领域 / 79

经济法:调控市场经济的法律 / 80

　经济法的产生:对市场失灵的矫正 / 80

　有形的手:对市场经济的宏观调控 / 81

　维护公平和秩序:对市场行为的法律规制 / 86

　管辖延伸:经济全球化的涉外法治 / 90

社会法:保护弱者权益的法律 / 93

　社会法的起源:通过法律保卫社会 / 93

　特殊群体权益保障 / 97

　劳动和社会保障 / 99

　社会组织和公益事业保障 / 103

环境法:保障人与自然和谐共生的法律 / 105

　环境问题的来源及发展 / 105

　污染防治:打赢蓝天保卫战 / 108

　生态保护:建设生态宜居新天地 / 110

环保国际合作:共建地球生命共同体 / 112

国家权力的依法运行 / 114

立法:社会主义法律体系的构造 / 115

立法权限:哪些主体可以立法? / 115

立法活动:法律是怎么产生的? / 118

立法类型:法律效力为什么会不同? / 120

执法:法律实施的主体 / 124

无处不在的执法 / 124

形式多样的执法 / 127

执法活动的专业性和复杂性 / 132

司法:公平正义的保障 / 135

司法的产生:从私力救济到公力救济 / 135

诉讼构造:控辩审的三角关系 / 137

公平正义:司法的灵魂 / 141

程序:司法的"密码" / 144

监察:中国特色的监督 / 147

从哪里来:监察机关的诞生 / 147

能干什么:监察权的主要内容 / 150

市场经济的法律服务 / 154

律师：法律事务的代理 / 155

律师印象 / 155

律师与市场经济高度亲和 / 157

律师也是有组织的 / 159

基层法律服务工作者：律师形似神异的兄弟 / 161

仲裁：商事纠纷的诉讼替代 / 162

谁能成为仲裁员 / 162

仲裁的魅力：灵活便捷、一裁终局 / 164

国际商事纠纷的首选方式 / 167

公证：通过证明活动预防纠纷 / 168

公证机构管哪些事？/ 168

公证员是"办证官员"？/ 169

公司法务：法律人的商业价值 / 171

公司法务是多余成本吗？/ 171

公司法务是互联网时代企业的制胜武器 / 173

法治人才的培养体系 / 176

法学教育体系及前景 / 177

法学学历、学位设置 / 177

学科发展与教育体系更新 / 179

法学院校概览 / 183

　　"五院四系" / 183

　　法学学科优势院校 / 191

法学本科专业设置及课程体系 / 194

　　法学本科专业设置 / 194

　　法学本科课程体系 / 197

法学院毕业生就业前景 / 202

　　法学院毕业生的发展路径 / 202

　　法学职业前景评价 / 204

　　令人心动的 offer / 206

参考文献 / 208

"走进大学"丛书书目 / 211

走近法学

法学是关于正义和非正义的科学。

——乌尔比安

医学、神学、法学是人类最古老的三大学科。远古时代，人类在极其艰苦的自然环境中生存，主要靠植物充饥，同时以其他动物为食，逐渐知道动植物（成分）的营养、毒性及治疗效用，由此产生医学。随着智力水平的提高，人类认识自然、改造自然的兴趣不断提高，但认识能力、改造能力提升缓慢，人们无法解释、难以控制丰富的自然现象和历史进程，于是从敬畏中产生了种种奇幻观点，认为自然现象和历史进程由"神"主宰，神学由此产生。人类开始群居后，集体生活需要秩序，继而发展出多样性的规范，后来由于社会分化而产生阶级，出现国家，

国家开始制定或者认可一些规范,这就是法律,法学由此产生。法学是研究法律现象及其规律的学问。

▶▶ 法学的历史

➡➡ 西方法学的历史

西方法学始于古希腊。在古希腊城邦制度形成之前,没有成文法,法律大权掌握在祭司手中。祭司借助敬神仪式向人们宣示神谕,神谕被刻在神殿上,具有法的性质。仪式中,祭司口嚼具有麻醉性的树叶,进入错乱痉挛状态,说出的话被当作神的启示。城邦制度形成以后,法律一般在城邦"公民大会"上讨论通过。起草者是一些被称为"立法者"的政治人物,他们因曾执掌城邦政务而获得立法经验。古希腊没有形成发达的法律体系,也没有法律职业和法学研究,但是有大量对法的讨论。例如,法是神授还是人定,法的基础是权力还是自然、正义或者理性,自然法和实在法的关系,等等,这些思想对后世法学产生了深刻影响。

罗马法是古代西方法律发展的顶峰。公元前5世纪中叶,古罗马颁布《十二铜表法》,这是罗马法发展的里程碑。到公元前3世纪中叶,古罗马产生的法律统称为公民法,它是专门适用于罗马公民的法律。随着罗马版图的逐渐扩大,其与古希腊、古埃及等国交往频繁,各族杂居,发生了不少法律问题,逐渐形成了万民法,它调整罗马人与外邦人以及外邦人之间的关系。公元6世纪,皇帝查士丁尼一世下令编纂《民法大全》,这是罗马法体系完成的标志。与发达的法律制度相适应,古罗马的法学十分繁荣,形成了职业法学家集团,出现了法律学校和法学派别,产生了大批法学著作。罗马法学家以法律学说、法律解答推动了罗马法的发展,对当时和后世产生了重大影响。随着罗马帝国的崩溃,罗马法逐渐湮没无闻,但法学家整理和概括的法律概念、法律原则和法律格言,使罗马法历经中世纪的漫长岁月而流传下来,在近代西方法律和法学发展中产生重要影响。

中世纪,独立的法学消失了。基督教统治一切,神学居于垄断地位,法学成了神学的附庸,法律被教义代替。经院主义神学家托马斯·阿奎那提出了当时最为系统的神学法律思想,把上帝的意志奉为最高的永恒法,高于实在法的自然法也被认为从属于永恒法。在漫长的中世纪,罗马法、日耳曼法、教会法、地方法、城市法、商法以及国王敕令等,错综复杂地并存、结合或者竞争,形成了各种法律学说。中世纪后期,资本主义生产方式的萌芽催

生了复兴罗马法的法学研究和法学教育,职业法学家集团再次出现。以意大利的博洛尼亚大学为中心,注释法学派诞生了。罗马法在西欧大陆的传播,为资本主义法律的出现和统一化创造了有利条件。

文艺复兴以后,西方法学朝着世俗化的方向发展变革。资产阶级的兴起及市场经济的发展为法律和法学的发展带来需求。近代资产阶级法学要求自由、平等和人权,17—18世纪形成了古典自然法学,其核心论说包括天赋人权论、社会契约论等。它们是当时新兴资产阶级反对封建压迫、争取民族独立的思想纲领,为1776年美国《独立宣言》、1789年法国《人权宣言》及近代资产阶级民主法治提供了理论基础,使法学摆脱了神学的束缚,倡导了权利平等、契约自由、罪刑法定等一系列新的法律原则。

从19世纪初开始,西方国家开展了广泛的立法活动,建立了较完备的法律体系。西方法律的两大传统体系——英美法系和大陆法系便是在这一时期形成的。两大法系有很大不同:大陆法系以成文法为主,英美法系则重视判例法;大陆法系法官在庭审中居于主导地位,英美法系当事人在庭审中处于主导地位,法官是消极的裁判者;大陆法系法官严格遵循成文法规定,英美法系法官可

4

以通过判例"造法"。伴随资产阶级法治的兴起，法学领域中的历史法学派、分析法学派和哲理法学派思想不断兴起。

20世纪以来，随着垄断资本主义的出现，各种社会矛盾被激化，西方法学出现了法的社会化理论，强调法律应当维护社会利益，有关劳资、福利、教育、经济的社会立法纷纷出现。与此同时，各种法律思想或者法学流派的发展呈现多元化的趋势，社会法学派、新分析法学派、新自然法学派呈三足鼎立之势，彼此观点又相互靠拢。它们大多强调阶级调和与阶级合作，主张社会利益与个人权利的协调发展。

➡➡ 中国法学的历史

中国是世界上较早制定成文法的国家。从公元前21世纪夏代的"禹刑"开始，经过商、周、春秋战国的发展，中华法系已见雏形。与制度发展相适应，法律思想也很活跃，《尚书》就记载了"以德配天""明德慎罚"的思想。

春秋战国时期是中国古代思想最为活跃的时期，出现了"百家争鸣"的繁荣局面，法律思想得到前所未有的发展。墨、道、儒、法四家都对法律有所思考，其中儒、法两家的思想及它们之间的争论对后世影响深远。墨家主

张以天为法,循法而行,提出"兼相爱、交相利",要求"赏当贤,罚当暴,不杀不辜,不失有罪"。道家从"小国寡民"理想出发,反对制定繁杂的礼法制度,主张无为而治、顺乎自然,鄙薄一切违反自然法则的人定法。儒家坚持"亲亲""尊尊"的立法原则,强调圣人、贤人、圣君、贤相的统治力量,维护礼治,提倡德治,主张"德主刑辅"。法家轻视圣贤和道德教化的作用,推崇"以法治国""缘法而治",提倡据法行赏施罚,主张严刑峻法。

这一时期的法律制度也有了很大发展。公元前536年,郑国"铸刑书",这是我国历史上第一次公布成文法。公元前513年,晋国"铸刑鼎"。公元前501年,邓析作《竹刑》。公元前407年,魏国李悝推行变法,制定《法经》。《法经》是我国历史上第一部较为系统的成文法典,是之后历代法典的蓝本,商鞅就在其基础上制定了《秦律》。

汉代"罢黜百家,独尊儒术",儒家思想一直居于统治地位,儒法合流,法学成为儒学的附庸。此后历朝在"德主刑辅"的原则下实行礼法合一,因此,法学以儒家法律思想为核心。我国形成了世界法制史上独树一帜的中华法系,它形成于秦朝,到隋唐时期逐步成熟,《唐律疏议》是其代表性的法典。中华法系积淀了深厚的法律文化,有很多优秀的思想和理念,如"出礼入刑""隆礼重法"的治国策略，"民惟邦本""本固邦宁"的民本理念，"天下无讼""以和为贵"的价值追求，"德主刑辅""明德慎罚"的慎刑思想，"援法断罪""罚当其罪"的平等观念，保护鳏寡孤独、老幼妇残的恤刑原则，等等。

从汉代开始，法学领域出现了律学。律学是指根据儒学原则对以律为主的成文法进行讲习、注释的法学。它不仅从文字上、逻辑上对律文进行阐释，也阐述某些法理，如礼与法的关系，释法与尊经的界限，条文与法意的联系，律例之间的关系，还有定罪与量刑，刑罚的宽与严，肉刑的存与废，刑名的变迁以及诉讼和狱理等。汉代律学限于私人注释和传授，东晋以后被官方注释所取代。魏明帝曹叡创办了律学教育，设置了律学博士。隋朝律学隶属于大理寺，属于职业教育。唐代，律学被纳入中央官学管理，对应的科举考试是"明法"科。宋代国子监有律学博士一职，掌授法律。明清未设置律学专门学校，但中央和地方官学以及私学、书院中都设有法律课程，律学在私学中逐渐发达。

1840年鸦片战争以后，中国逐步沦为半殖民地半封建社会。针对帝国主义的侵略，当时的爱国人士都主张变法图强，洋务派、维新派、君主立宪派、民主共和派都提出了具体的主张。清政府迫于压力，派员出国学习考察

西方法律。1949 年前，国民政府移植西方资产阶级法学思想，为其统治提供理论依据，同时编纂《六法全书》，建设其法律体系。

中国共产党领导的新民主主义革命，结束了帝国主义、封建主义和官僚资本主义在中国的统治地位，废除了《六法全书》，也结束了相应的法学，取而代之的是社会主义法学。社会主义法学以马克思主义为指导，旗帜鲜明地坚持无产阶级和人民大众的立场，以维护最大多数人的利益为宗旨，以辩证唯物主义和历史唯物主义作为世界观和方法论。社会主义法学在无产阶级革命斗争的实践中产生和发展，在社会主义国家法治建设的实践中不断创新和丰富。

▶▶ 法学：探究法律现象的规律

➡➡ 社会现象和法律现象

现象分为自然现象和社会现象。社会现象是人类物质生活和精神生活的表现，包含人类社会的一切外在表现形式。社会现象包罗万象，有政治现象、经济现象、法律现象、宗教现象、文化现象和习俗现象等。法学研究法律现象及其规律，因此需要从理解社会现象切入。

村民委员会由全村成年村民选举产生，这是政治现象；农民家庭收入分为务农收入和务工收入两大部分，这是经济现象；子女有同等的继承权，这是法律现象；农民祭祀土地神、灶神，这是宗教现象；儿童在学校接受文化教育，这是文化现象；婚礼仪式由父母操办，亲朋好友前来祝贺，这是习俗现象。当然，有些现象可能存在交叉。例如，我国法律规定适龄儿童有接受义务教育的权利，因此儿童在学校接受文化教育，既是文化现象，又是法律现象。

之所以说子女有同等的继承权是法律现象，是因为《中华人民共和国民法典》第一千一百二十六条规定："继承权男女平等。"第一千一百二十七条规定："遗产按照下列顺序继承：(一)第一顺序：配偶、子女、父母。"

在社会生活中，人们可以根据法律规定来判断行为是否合法。这种法律规定意味着人们在何种条件下可以采取何种行为，在何种情况下不得采取何种行为。而且，这种"可以""不得"是受国家机构和国家力量保护的。对于某位女性来说，当她的父亲去世后，她可以依法主张继承财产，可以参与继承；对于其他所有人而言，都不得反对或者干涉该女性参与继承相应财产。如果有人反对或者干涉，该女性可以向法院提起诉讼，法院应当制止这种

反对或者干涉行为,保护该女性的继承权。按照法学的知识观念,这一连串现象包括立法、司法、守法、违法等一系列活动。它们都与法相关,都属于法律现象。

前述列举的各种现象,如果不属于法律现象,就不存在法律现象中的"可以""不得"的问题,没有"受国家机构和国家力量保护"的问题。例如,在封建社会,法律没有规定儿童必须接受文化教育,孩子在学校接受文化教育就只是文化现象。是否接受文化教育,何时接受文化教育,都是农民家庭自己决定的事情。

人们祭祀土地神、灶神,这是宗教现象。虽然民间有约定具体的祭祀时间、祭祀方式,俗称"规矩",但这些并非国家强制的。在民间,灶神一般是在农历每月的初一和十五供奉,但如果有人初二供奉也并无不可,国家机构和其他机构不会阻拦。经济现象中的家庭收入构成、礼仪开支等也不是强制性的。习俗现象中的婚礼仪式安排和祝贺等,法律并没有规定,背后有个人感情、社会风气、社会舆论是否接受等问题,但不存在法律实施的问题,不存在国家机构和国家力量保障的"可以""不得"的问题。这些政治、经济、宗教、文化、习俗现象,与法没有直接关联。

随着全面依法治国战略布局的实施,越来越多的社会现象被纳入法治范畴,受到法律的规范,从而成为法律现象。例如,多数政治现象同时也是法律现象,因为现代国家的政治过程普遍受到法律规范。村民选举村民委员会,既是政治现象,也是法律现象,因为《中华人民共和国村民委员会组织法》对村民委员会选举做出了具体规定。

法律现象是反映法的观念、存在和运行的现象。法学是研究法律现象及其规律的学问。

➡➡ 法律现象的规律

法律给男女以同等的继承权,其目的在于实现男女平等,保护女性权益。男女平等原则是中国法律制度中的一项重要原则,《中华人民共和国宪法》和很多其他法律的条文对此都有具体规定。继承权男女平等是我国社会主义继承制度的重要特征,是继承法的一项基本原则,贯穿于整个《中华人民共和国民法典》继承编之中。

中国有数千年的封建社会历史,在上层建筑中宗法制度占据了重要地位。宗法制度实质上是原始父系氏族的血缘结构在阶级社会中的转化形态。表现在继承方面,就是宗祧继承,其中男女不平等,只有男性有继承权,女性没有继承权。辛亥革命结束了封建君主专制制度,废除了宗祧继承制度,规定男女继承权平等,但是贯彻实

施的效果很差,继承权男女不平等的状况没有得到根本扭转。

中国共产党长期主张男女平等,并在斗争和行动中推进。在新民主主义革命时期,男女平等、保护妇女权利是反封建斗争的重要组成部分。从革命根据地有关法规到中华人民共和国法律,都有着保护妇女权益的相关规定,妇女在政治、经济、文化、社会和家庭生活等方面享有同男性平等的权利。1985 年施行的《中华人民共和国继承法》明确规定继承权男女平等,《中华人民共和国民法典》继承编延续了这一理念和原则。

然而,受封建思想影响和现实条件制约,男女平等在继承问题上的实现还存在不少障碍,男女不平等现象还不断发生:

第一,遗产由儿子继承的模式在一些地区仍然比较主流。这可能与在从夫居的居住模式下,儿子比女儿承担的赡养义务更多有关,也可能与人们传宗接代、养儿防老、重男轻女的观念有关。

第二,丧偶妇女的继承权实现存在障碍。丧偶妇女带产再嫁往往容易遭到无理阻挠,这主要受到重男轻女及男尊女卑的封建观念影响。

第三，出嫁女的继承权难以实现。外嫁女在出嫁时常常就失去了娘家村的土地承包权和房产，在嫁入婆家村后也常常得不到承包地。妇女的这些权益隐藏在"户""家庭"之中，往往在她们出嫁、分家时就被划分给了她们的兄弟，到父母去世时可能都无法成为遗产。

中国宪法和法律尊重个人权利，在继承方面贯彻男女平等的理念，构建起男女享有同等继承权的法律体系，规定女性与男性一样有继承遗产的权利。然而，现实表明，女性真正获得同男性一样的继承权，还存在如上所述的障碍；有些女性群体的继承权实现受到较为严重的阻碍。法律并非自动实现的机制，观察社会实践，可以发现很多有关女性继承法律现象的规律。

规律是现象中必然、本质、稳定和反复出现的关系，是固有的、深藏于现象背后并决定或者支配现象的因素。规律是现象之间的稳定联系，是千变万化的现象中相对固定的内容。它反复起作用，在一定的条件下，合乎规律的现象必然重复出现。它不以人的意志为转移，人们可以发现它、研究它、利用它。万事万物都有其运行规律，法律现象也是如此。人类在认知法律现象规律的基础上，构建起维系社会秩序的法律制度，并在实践中进一步摸索、提炼法律现象的规律，促成法律制度的不断完善。

法律现象在形式上千差万别，但其背后的规律具有普遍性与客观性。这是人们可以从法律现象中总结出规律的基础。法学就是要研究法律现象的规律，从而服务于法律制度的完善。

▶▶ 法律：规范和意义的交结

➡➡ 规定权利和义务的行为规范

法律制度的基本细胞是法律规范，也被称为法律规则。规范大体上可以分为技术规范和社会规范。技术规范是调整人们支配和使用自然力、劳动工具和劳动对象的行为规则。社会规范是调整人们社会关系的行为规则，包括法律、道德、宗教、习俗等。在现代社会，法律规范是最重要的社会规范。研究法律现象的规律，完善法律制度的具体体现是法律规范的优化。

法律规范是规定权利、义务及相应的法律后果的行为规范。法律规范的核心内容是权利和义务。权利规定人们可以做什么，义务要求人们不能做什么。权利和义务贯穿于法律现象的各个环节、法律的所有部门、法律运行的全部过程。法律通过权利和义务来调整人们的行为和社会关系。法律规定人们可以做什么，不能做什么；一旦违反,就会产生相应的法律责任,并通过国家强制力来确保责任的承担。当国家机关或者公共组织作为法律主体时,其权利和义务一般被称为拥有权力、承担职责,权力与权利、职责与义务分别对应。

有的法律规范授予人们权利,例如《中华人民共和国民法典》第三百三十一条规定:"土地承包经营权人依法对其承包经营的耕地、林地、草地等享有占有、使用和收益的权利,有权从事种植业、林业、畜牧业等农业生产。"有的法律规范为人们设定一定的义务,例如《中华人民共和国民法典》第三百三十六条第一款规定:"承包期内发包人不得调整承包地。"如果法律上的权利被侵犯或者滥用,义务被违反,那么就要承担相应的法律责任。例如,承包期内村集体违法调整承包土地,就违反了上述法律规范设定的特定义务,需要承担法律责任,土地承包经营权人可以依法要求恢复土地承包原状。

权利和义务包含多种要素,有不同维度的丰富意义。人们可以通过不同的要素或者层面进行理解。

权利意味着自由,义务意味着不自由。拥有权利意味着可以自主决定做或者是不做某事,以什么方式做某事。每个人享受着自由意义上的广泛权利:穿帆布鞋还

15

是运动鞋,手机上装载哪些应用程序,是否参加致力于保护环境的社团,在法学院毕业后是考公务员还是进入律所打拼,遇到网约车无故违约后是否要投诉司机,等等。

权利偏重于利益,义务则是负担或者不利。未成年人和成年人一样享有人身权、财产权等权利,但是未成年人并不能实际行使或者放弃这些权利,不能进行自由选择,但是他们可以从权利中获益。权利给享有者带来利益。当一个人拥有房屋所有权时,他就能从所有权中获得利益,包括可以实际控制这套房屋,这最明显地体现在房屋交付时的钥匙上。钥匙可以让他随意进出房屋,支配房屋,他可以按照房屋的性能和用途使用它,使自己获益。例如,在厨房里烹饪美食,与家人朋友欢聚,在客厅里放松劳累一天的身心,在卧室里安享一夜好眠。他也可以将房屋出租收取租金,甚至将房屋出售。

权利强调资格,意味着"可以",义务意味着"不可以"。一个人享有权利,意味着被赋予某种资格,能够提出某种主张。当你享有房屋所有权时,意味着你有资格进出房屋、控制房屋,而别人没有资格这么做。某人在某事上享有资格,意味着其他人不能使该资格遭到否认。由此延伸,资格也是一种主张,即要求他人承认自己的主张,不妨碍这种主张的实现。相应地,义务就是应权利人的主张而作为或者不作为。

权利是法律赋予的能力,义务则是相应需要承担的法律结果。这种能力是用以享有或者维护特定利益的力量,可以表现为改变一定法律关系的能力。对房屋享有所有权,意味着所有权人在法律上能够占有、使用、出租、出售房屋,而其他人不具备针对这栋房屋的上述能力。这种能力是法律赋予的,并非生理意义上的能力。

法律通过科学的权利和义务设置来指引人们的行为,评价人们的行为,预测行为的后果,从而起到抑制或者激励作用。法律通过权利和义务的规定,为人们设定了普遍的行为模式,从而指引人们什么能做,什么不能做以及怎么做。例如,2011年5月1日,《中华人民共和国刑法修正案(八)》正式施行,醉酒驾驶作为危险驾驶罪被写入刑法。该规定指引人们采取正常的驾驶行为,不能醉酒驾驶。对照权利和义务的规定,可以对人的行为进行合法与非法的评价,并依法保护合法行为,惩治不法行为。据此,人们可以预先知晓、估量怎样行为以及行为后果,并安排自己的行为,从而凸显法律的激励或者抑制作用。激励作用通过保护产生,例如,知识产权法通过对知

识成果的保护来鼓励创新行为。抑制作用依赖于法律责任的分配，尤其是法律制裁来实现。通过这些作用机制，法律可以维护政治秩序，实现国家治理；调整经济关系，分配社会利益；推动教育、科学、文化的发展。

➡➡ 承载社会生活的价值和意义

法律还有文化、价值和意义的维度。文化是人类或者一个民族、一个群体共同具有的符号、价值观及规范。符号是文化的基础，价值观是文化的核心，而规范，包括法律、道德、宗教、习俗等，则是文化的主要内容。从社会的角度看，法律是一种社会现象。从文化的角度看，法律是一种文化要素。

作为文化的一部分，法律不但具有解决问题的功能，而且兼有传达意义的性质。法律是被创造出来的，人们在创造法律的时候，在其中灌注了群体的想象、信仰、好恶、情感和偏见。因此，法律在回应社会需求的同时，也带有特定的意义维度和价值导向。法律是人们生活意义的规则体现，是规范与意义的交结。法律要解决全世界各民族、各国度、各地方人们生活所面临的问题，要为人们在规则下生活提供意义维度。因此，立法者制定法律，应当在时代的变局中看到社会生活"不变的底色"。它们蕴含在中国社会文化实践中,反映在老百姓的日常行为及心理结构中。具体而言,家庭的"仁孝观念"、处理人际关系的"和合原则"、民商行为的"诚信坚守",都是"不变的底色"。

法律必然有其价值导向。在不同的历史时期,法学家不断把法律与正义、自由、平等、秩序、效率等价值联系在一起。例如,古罗马"五大法学家"之一的乌尔比安说:"法学是关于正义和非正义的科学。"价值从满足人们和社会需要的角度概括法律对于人和社会的有益性。价值是高于现实状态的理想状态,是人的相关思想与行为的目标,也是法律追求的目标。法律只有在涉及价值的立场框架中才可能被真正理解,无视价值和意义的法律现象观察和分析是很难成立的。

法律制定建立在对法律现象规律的理解和认知的基础上,有其相应的观念、意义和价值观。法律反映和维护人们坚守的价值和意义,代表统治阶级、主流社会群体或者广大百姓的愿望和利益。2020 年 5 月,农业农村部公布了经国务院批准的《国家畜禽遗传资源目录》,狗已经不在目录之中。在《关于〈国家畜禽遗传资源目录(征求意见稿)〉的说明》中提到,随着人类文明进步和公众对动物保护的关注及偏爱,狗已从传统家畜"特化"为伴侣动

物,国际上普遍不作为畜禽,我国不宜将其列入畜禽管理。狗与人类的关系定位存在一些争议,有人将它当作人类的"伴侣",有人仍然将它视作"畜生"和人类的食材。这种认识的不同,既有时代变迁的因素,也有社会群体的差异。

▶▶ 当代中国的法律体系和法学体系

➡➡ 当代中国的法律体系

　　法律体系是由多个法律部门组成的有机统一整体,它由一个国家的全部现行法律构成,包括现行的国内法和被本国承认的国际法。构成法律体系的单元是各个部门法,又称法律部门。法律体系就是由若干个法律部门组成的。法律是调整社会关系的行为规范。社会关系的种类繁多,因此调整这些不同社会关系的法律规范也有所不同,它们属于不同的法律部门。法律规范所调整的社会关系是划分不同法律部门的最为重要的标准。宪法调整最根本的社会关系,民法调整人身关系和财产关系,行政法调整行政管理关系,等等。

　　然而,有的法律部门并没有自己独特的调整对象,只能通过独特的调整方法体现该法律部门的独立性。刑法调整的社会关系种类繁多,既有人身关系和财产关系,又有行政管理关系,还有其他各种社会关系。刑法部门之所以独立,是因为刑法以刑罚来调整社会关系。刑罚是最为严厉的调整方法,只有当其他部门法的调整方法不足以救济损害时,刑法才会"出场"。当然,不同的法律部门所调整的社会关系可能会有重叠之处。

中国特色社会主义法律体系,是以宪法为统帅,以法律为主干,以行政法规、地方性法规为重要组成部分,由宪法相关法、民法商法、行政法、经济法、社会法、刑法、诉讼与非诉讼程序法等多个法律部门组成的有机统一整体。

随着经济和社会的发展,环境问题的重要性越发凸显,我国环境方面的立法也日益增多,环境法逐渐成为一个独立的法律部门。

2018 年 3 月,第十三届全国人民代表大会第一次会议通过《中华人民共和国宪法修正案》和《中华人民共和国监察法》。《中华人民共和国监察法》第三条规定,"各级监察委员会是行使国家监察职能的专责机关,依照本法对所有行使公权力的公职人员(以下称公职人员)进行监察,调查职务违法和职务犯罪,开展廉政建设和反腐败

工作,维护宪法和法律的尊严"。笔者认为,监察法调整国家监察机关主导的各种监察关系,具有独立性,也应成为独立的法律部门。

值得一提的是,国际法不是一个独立的法律部门。我国所缔结的国际条约、认可的国际惯例也是我国法律体系的一部分,它们可以根据调整对象的不同划归为不同的法律部门。国际公法根据其调整内容的不同可以归入宪法部门或者行政法部门,国际私法可以归入民法商法部门或者诉讼法部门,国际经济法可以归入民法商法部门或者经济法部门。

所以,笔者认为,当代中国法律体系应划分为九个主要法律部门:宪法及宪法相关法、民法商法、行政法、经济法、社会法、环境法、监察法、刑法、诉讼与非诉讼程序法。每个法律部门又包括若干子部门,有些子部门内部还可以再进一步划分。例如,经济法包括宏观调控法和市场规制法两个子部门,宏观调控法又可以划分为财税法、金融法等。

➡➡ 当代中国的法学体系

法学体系,乃至于全部人文社科体系,与自然科学体系有所不同。自然科学体系建立的依据是自然界的客观规律,它会因人类认识能力的发展而发展。法律现象的规律并非完全客观不变。法律现象会随着社会的发展而有所发展,会因世界各地、各民族的历史、文化、风俗等因素而不同,故法律现象的规律也有所不同。因此,建立在法律现象及其规律基础上的法学体系,难免呈现出国别差异。

法学体系是由法学的各分支学科组成的相互联系的有机整体。法学体系的建立是不断探索法律现象及其规律的产物,而它又可以进一步加深对法律现象及其规律的认识。随着法学各分支学科的建立和完善,各种不同的法律现象被明确界定和区分,人们可以更好、更深入地探索不同法律现象的规律,发现不同法律现象之间的内在联系。

法学分支学科是构成法学体系的基本单元。由于研究法律现象的目的、视角和方法的差异,法学分支学科可以按照不同的标准进行划分。

以一定的研究范围为标准,法学可以分为:国内法学,包括宪法学、行政法学、监察法学、民法学、商法学、知识产权法学、经济法学、刑法学、诉讼法学、军事法学、社会治理法学;国际法学,包括国际公法学、国际私法学、国际经济法学、欧盟法学;法律史学,包括法律制度史学、法律思想史学、法学史学;外国法与比较法学。

以一定的学科功能为标准,法学可以分为:理论法学、应用法学。

以法律现象的基本方面为标准,法学可以分为:法律学、法治学、法理学。

以法律运行过程为标准,法学可以分为:立法学、司法学、执法学、法律解释学、法律监督学、监察法学、法社会学。

以法学和其他学科的关系为标准,法学可以分为:法学本学科;交叉法学(法律交叉学科),包括法逻辑学、法经济学、法社会学、法人类学、民族法学、法心理学、法律认知科学、证据学、司法鉴定学、法律职业伦理等。

综合以上几种标准,法学体系中的主要分支学科如图1所示。

法学分支学科的类别划分并不意味着各类别之间完全独立。法学体系的组成部分之间联系紧密,不同类别的分支学科之间难免存在交叉融合;此外,有的分支学科同时具有多种属性,难以清晰划分。例如,法理学广泛吸收其他学科的方法,有时与交叉法学就难以区分。

```
                    ┌─ 法理学
               理论 ├─ 法律史学：法律制度史学、法律思想史学
               法学 ├─ 比较法学
                    └─ 理论交叉法学：法逻辑学、法经济学、法社会学、
         法                          法人类学、民族法学、法心理学、
         学                          法律认知科学等

                    ┌─ 国际法学：国际公法学、国际私法学、国际经济法
                    │            学、欧盟法学
               应用 ├─ 国内法学：宪法学、行政法学、监察法学、民法学、
               法学 │            商法学、知识产权法学、经济法学、刑法
                    │            学、诉讼法学、军事法学、社会治理法学
                    └─ 应用交叉法学：证据学、司法鉴定学、法律职业伦理等
```

图1　法学体系中的主要分支学科

　　目前，我国在法学一级学科之下，一般设置法学理论、法律史、宪法学与行政法学、刑法学、民商法学、诉讼法学、经济法学、环境与资源保护法学、国际法学、军事法学等二级学科。各个院校根据学科特色和发展趋势，还设有一些其他二级学科。

法律调整的基本关系

夫法者,所以兴功惧暴也;律者,所以定分止争也;令者,所以令人知事也。法律政令者,吏民规矩绳墨也。

——管仲

生活在社会中的人们,往往要和不同的社会主体进行交往,并产生形形色色的社会关系。法律对一些基本的社会关系进行调整,并根据这些社会关系的不同性质采用不同的调整方法。依据调整的社会关系及其调整的方法,法律可以分为四个基本的法律部门,其中规定国家和社会生活的根本问题的法律是宪法,保护市民人身关系与财产关系的法律是民商法,调整行政管理和行政服务过程中产生的社会关系的法律是行政法,规定犯罪和刑罚的法律是刑法。

▶▶ 宪法：国家的根本大法

➡➡ 宪法的产生与发展

宪法是国家的根本大法，是一个国家法律体系的核心。当今世界各国都有这样的一部根本法，尽管它们的内容与结构不尽相同，但若追溯其产生却有着相似的缘由。

欲追溯宪法产生的缘由，要先了解国家是如何产生的。在生产力水平低下的原始社会，人们平等地分享劳动产品。然而，随着生产力的进步，原先完全平等的社会状态被打破，人类社会分化出了相互对抗的阶级。阶级的相互对抗，最终必然形成"统治"与"被统治"的关系，国家正是统治阶级进行阶级统治的工具。

国家的运行需要明确的规范和有效的保障，于是在国家形成之后，一些规则被确立为法律，而宪法是其中最为根本的法律。宪法确认了国家的性质、国家的根本制度以及与之相关的基本制度，规定了国家机构组织以及公民的基本权利与义务等重要方面，从而在根本上确认和巩固了有利于统治阶级的经济制度、政治制度、文化制度和社会制度。例如，世界上第一部成文宪法，即 1787

年制定的《美利坚合众国宪法》，正是在独立战争胜利后，美国为了巩固民主共和政体、确立联邦主义及三权分立原则而制定的。社会主义国家的第一部宪法是 1918 年制定的苏俄宪法。它肯定了十月革命的伟大胜利成果，确立了苏维埃政府走向社会主义的政策等。

我国宪法属于社会主义类型的宪法。1954 年 9 月 20 日，第一届全国人民代表大会审议通过了《中华人民共和国宪法》。这是中华人民共和国第一部正式宪法，它确定了建设社会主义制度的道路和目标，确立了适合中国国情的国体和政体，同时较完整地规定了公民的基本权利和义务。在 1954 年之后，我国在 1975 年、1978 年和 1982 年还先后颁布了三部宪法。

1982 年颁布的《中华人民共和国宪法》（以下简称《宪法》）是我国现行有效的宪法，经历了五次修正。现行《宪法》除序言外共分为四章：总纲，公民的基本权利和义务，国家机构，国旗、国歌、国徽、首都。这四章都是围绕着国家是什么，国家要干什么这些问题展开的。第一，总纲部分确定了我国的国家性质、国家形式、根本制度等内容。第二，国家成立的最终目的在于保障人最基本的生存权利、保护人的尊严，因为"人是目的本身"，所以我国宪法在总纲之后确认了公民的基本权利和义务，划定了国家权力和个人权利的界限。第三，一个国家的运转必定以分工明确的国家机构为基础。第四，国旗、国歌、国徽、首都是一个国家的标志。所以，国家与公民是宪法中最为重要的两个方面。

➡➡ 国家性质和国家形式

国家性质和国家形式是区分国与国的主要标准。国家性质从实质上来说就是一个国家内部社会各阶级的地位，也被称之为国体。《宪法》第一条规定："中华人民共和国是工人阶级领导的、以工农联盟为基础的人民民主专政的社会主义国家。"这是有关我国国家性质的规定。《宪法》第五条规定："中华人民共和国实行依法治国，建设社会主义法治国家。"这个条款对我国的国家性质做出了正当性的补充。所以，我国的国家性质体现为三个方面，即人民民主、社会主义、法治国家。

国家性质外在表现为一定的国家形式，主要包含两方面，即国家政权组织形式和国家结构形式。国家政权组织形式也就是政体，它体现为国家权力的横向分配及其运用。我国的政体是人民代表大会制度。

《宪法》第二条规定："中华人民共和国的一切权力属于人民。人民行使国家权力的机关是全国人民代表大会

和地方各级人民代表大会。"也就是说,人民代表大会是代表人民行使国家权力的机关。那么,人民代表大会又是怎样产生的?《宪法》第三条规定:"中华人民共和国的国家机构实行民主集中制的原则。全国人民代表大会和地方各级人民代表大会都由民主选举产生,对人民负责,受人民监督。国家行政机关、监察机关、审判机关、检察机关都由人民代表大会产生,对它负责,受它监督。"在人民代表大会制度下,我国在纵向和横向层面形成了完备的国家机构体系。

《宪法》规定,我国的国家机构包括:全国人民代表大会、中华人民共和国主席、中华人民共和国国务院、中央军事委员会、地方各级人民代表大会和地方各级人民政府、民族自治地方的自治机关、监察委员会、人民法院和人民检察院。其中,全国人民代表大会是最高国家权力机关。它的常设机关是全国人民代表大会常务委员会。全国人民代表大会和全国人民代表大会常务委员会行使国家立法权。全国人民代表大会设立专门委员会,各专门委员会在全国人民代表大会和全国人民代表大会常务委员会的领导下,研究、审议和拟订有关议案。中华人民共和国国务院,即中央人民政府,是最高国家权力机关的执行机关,是最高国家行政机关。我国还设立国家监察委员会和地方各级监察委员会、人民法院和人民检察院，分别行使监察权、审判权和检察权。

国家体系的运转除了横向的国家机构的权力划分，还需要对国家内部进行行政区域划分，对权力的纵向运行方式予以确认，这就是国家的结构形式。根据传统的理论，国家结构形式可以分为单一制和复合制两种。在典型的单一制国家，地方受单一中央政府的统一领导，地方政府的权力往往由中央政府授予，并且整个国家内只有一部宪法、只有一个最高立法机关和一套完整的司法体系。与单一制相比，复合制就复杂多了，包括由不同的主权国家结合为一个新的主权国家的联邦制，和只是不同主权国家之间较为松散联合的邦联制。我国的国家结构形式是单一制，这是由我国历史和民族的具体情况决定的。

➡➡ 公民的基本权利和义务

人的生存和发展离不开"自由"两个字。向内，人的生存和发展需要本我的自由，它包括人身的自由、财产的自由乃至精神的自由；向外，人的生存和发展需要参与社会活动的自由，它包括参与社会政治活动、经济活动以及文化活动的自由。而致力于平等保护这些自由的，使人

们能够以之为依据伸张个人欲求的，就是宪法中规定的公民的基本权利。

在一个完整的权利体系中，通常分布着众多的权利，它涉及人们社会生活的方方面面，被分别规定在不同的法律中。那么宪法所规定的权利，何以被称为"基本权利"呢？如果用树的结构来比喻权利体系，则宪法规定之外的、那些被分散地规定在不同法律中的广泛的权利，就是树木繁多的枝叶。宪法中规定的公民权利则是权利体系的树干。宪法所规定的是公民生活中最为重要的、必不可少的权利，这是它与其他法律规定的权利存在的最大差别，宪法权利也因此被称为"基本权利"。

基本权利之于公民有着重要的意义，它是为了维持人的生存发展、维护人的尊严所必需的权利。它是从"人"这一本身派生出来的，因为无论在哪个国家、哪个历史阶段，生存、发展和尊严都是人之为人的最基本要求。近代以来的基本权利意味着国家不得在没有许可的情况下侵犯公民的"私人领地"，并且应当积极地帮助公民实现生存、发展的基本需求。同时，如果基本权利被国家所侵扰，公民可以以宪法规定为依据，要求保障自己基本的生存和发展权，维护自己的人格尊严。

我国现行《宪法》中的基本权利可以分为七种类型：平等权；政治权利；宗教信仰自由；人身自由；社会经济权利；文化教育权利；监督权与请求权。其中，平等权是最为基础的，因为任何一项宪法权利都包含平等的含义，如果离开了平等原则就是不完整的。以劳动权为例，如果人们的劳动权是不平等的，则可能会出现这样一种现象：轻松高薪的工作岗位只向有特殊身份和地位的人开放；而普通老百姓则只具有从事劳累且低薪的工作的权利。那么，这样不平等的劳动权还有意义吗？因此，平等性是所有宪法权利的共同属性。公民的政治权利和监督权对于国家的长治久安极为重要，政治权利在我国主要体现为选举权与被选举权，监督权在我国主要体现为对国家机关及其工作人员的监督。通过这两项权利，公民可以选出或者被选为国家权力机关的代表或者其他国家公职人员，并对他们进行有效的监督或者接受监督，由此国家机构才能良性运转，保障公民生存、发展的终极目标才能实现。在平等权、政治权利和监督权之外，《宪法》中还规定了宗教信仰自由、人身自由，广泛的社会经济权利、文化教育权利，以及对国家的请求权，从各个方面保障了公民的生存发展和人格尊严。

人是具有社会性的，离不开社会交往；而在交往关系

中,权利和义务往往是对应存在的。譬如我借钱给你,那么要求你将钱归还给我就是我的权利,向我归还钱就是你的义务,不可能只有我的权利存在,而没有你的义务存在,否则我的权利便没有实现的可能。义务的必要性,还有另一个着眼点:若权利如矛,则义务如盾,假设没有盾的存在,那么人人都将胡乱挥舞自己的矛,最终导致相互伤害的局面。因此,每个公民既享有权利,又负有义务。

《宪法》中的基本权利与基本义务也是这样的辩证统一关系。例如,《宪法》规定公民必须遵守宪法和法律,这意味着公民只能做法律许可的事情,在行使权利时不能损害他人和国家的利益。此外,《宪法》还规定了公民有维护国家统一和全国各民族团结的义务,有维护祖国的安全、荣誉和利益的义务,以及依照法律服兵役的义务、依照法律纳税的义务、劳动的义务、受教育的义务、有关婚姻家庭生活的义务等,以保障公民的生存与发展、维持社会的基本秩序、维护国家的安全与统一。

➡➡ 国际关系中的国家与公民

自近代以来,全球化趋势成为国际社会发展的主要方向,国家之间的交流与合作成为常态,国际人口的流动日益频繁。作为现代国际社会中主要政治实体的"国家",必须具备四个必可不少的构成要素:确定的领土、定居的居民、政权组织和主权。在确定的领土上聚集了定居的居民,为了更好地管理与服务居民,一定的政权组织应需而生,但仅有这三项的政治实体仍不能被称为国家,要成为一个国家还必须拥有主权。主权实际上是一个国家独立自主地处理对内、对外事务的最高权力。依据这一最高权力,国家能够选择自己的社会制度、国家形式,组织自己的政府,并避免其他国家对自己的干涉。在现代国际社会中,一个国家如果没有主权,就无法保护国家的完整性和本国国民的利益。因而,在国际社会中,一个国家的根本制度得以维系、公民的基本权利得以保障都仰赖于国家主权,一个国家在国际社会中的基本权利和基本义务也来源于主权。

当进入国际关系中时,《宪法》所确定的国家根本制度和公民基本权利会有不同的表现,例如,当本国公民身处国外时,国家依旧保护他的基本权利,但是往往要通过外交行动来间接实现。因此,国家的根本制度和公民的基本权利在国际关系中要适用不同的调整规则,这些调整规则不仅体现在国际法规则之中,也具象化为《宪法》中的一些条款。

《联合国宪章》《维也纳外交关系公约》《维也纳领事

关系公约》等国际条约，是世界各国普遍遵守的核心的国际法规则。国际法规则确认了每个国家都享有独立权、平等权、管辖权、自保权四项基本权利。基于这四项基本权利，国家可以自由地决定本国事务，平等地与其他国家交往，管理领域内的人、物、事件和领域外的本国人，以及在必要时刻进行自卫。国家的基本权利和基本义务是统一不可分的，国家在享有基本权利的同时，也必须承担尊重其他国家基本权利的义务。一国享有的这四项基本权利同时也是其他国家应承担的基本义务。《宪法》亦在序言中对我国的国际交往准则予以阐述，体现出我国对他国独立、自主、平等地位的尊重，以及承担国际关系中应负之义务的基本担当。

在人口国际化流动频繁的今日，本国公民进入他国境内或者他国公民进入本国境内是非常常见的事情。在这两种情形下，国家仍然有义务保障本国公民和外国公民的基本权利。对于领域外的本国公民，国家享有外交保护的权利，即可以通过采取外交行动的方式，保护身在外国的本国公民，避免其利益受到侵害。国家可以与他国进行交涉，要求其对本国公民进行救济或者承担责任，也可以通过驻外使领馆向本国公民提供必要的帮助，包括提供必要的法律协助或者经济资助。如果国外发生严重紧急威胁本国公民人身安全的事件,国家还会及时接送本国公民回国。

实际上,我国在历史上有多次撤侨行动。其中最大的一次撤侨行动当属利比亚撤侨。2011 年初,利比亚局势动荡,战争一触即发。我国政府决定启动国家一级响应,用十二天的时间将三万余名受困中国公民全部安全撤出,保护了他们最基本的人身权利。

对于领域内的外国公民,国家应当保障他们的合法权益,并在遵守国际法规则的基础上自行决定给予他们何种待遇,但不能采取歧视性的待遇,这是国际关系中人权保障的必然要求。相应地,外国公民在享受待遇的同时,也必须履行法律规定的义务。但是使馆馆长或者使馆外交职员等外交代表享有一定的特权与豁免权。假设一个外国人违反了他国的法律,该国可以依法对其进行拘禁或者逮捕,但是对外交代表却不能这样做,也不能进一步对他们提起诉讼、进行审判,而只能通过外交途径来解决,这就是外交代表享有的豁免权。外交代表是国家的代表,给予其特权与豁免权一方面能够便利外交代表开展工作、执行职务,另一方面也是对其所代表之国家的尊重。

▶▶ 民商法：市民社会的基本法

➡➡ 民法：权利保护的基本法律

你在商场购买的一部手机出现质量问题，要求商场退货，而商场不同意，你决定用法律来保护自己的权益；你捡到一个钱包，里面有巨额现金，你决定背离拾金不昧的美德，把钱包归为己有，但是你又担心这样做会违法；你的邻居每天晚上制造噪声，严重影响你的休息，你多次劝说无效，于是决定诉诸法律。你可能会经常遇到上面这些生活中的困扰，这些关系都属于民法调整的内容。

民法是世界上历史最为悠久的法律之一，它起源于罗马法。古罗马地区商品经济发达，且古罗马的不断扩张导致人口激增，使得契约关系日益复杂化，为了对复杂的契约关系进行有效调整，最初意义上的民法应运而生。在古罗马，具有民法意义的法律有两类：第一类是市民法，它仅适用于罗马市民之间，主要是关于诉讼程序、财产、婚姻家庭和继承等方面的规范；第二类是万民法，它适用于被罗马征服地区的非罗马市民之间或者非罗马市民与罗马市民之间的法律关系的调整。

民法将宪法确立的保障公民人身权利和财产权利的

原则在民事法律中予以体现和落实，为人们在市民社会中的活动提供基本的遵循依据。近代以来，市民社会中的主体都是相互平等的，既不存在人身依附关系，也不存在行政管理关系。民法调整的就是这种平等主体之间的人身和财产关系，它的首要目的是保护民事主体的合法权益。

民法的内容庞大复杂，涉及社会生活的方方面面。从出生到死亡，人的一生会与民法产生无数次的交集。例如，每天早上出门搭乘公交车、购买早餐等，其实都是在签订和履行民事契约，这些契约都受到民法的保护。人出生后的父母、子女关系，以及在此基础上产生的父母对未成年人的抚养义务，也都是由民法进行确认的。权利构成了整个民法体系的核心，这从民法条文的表述方式中就可以看出来。民法的绝大多数条文具有授权性，其立足点主要在于确认和保护民事主体的自主意志。由此可以看出，民法是权利保护的重要基本法律。

尽管民法确认了形形色色的权利，而且最大限度地尊重了民事主体的自主意志，但是权利的保护并不是毫无限制的。民事主体在法定范围内享有广泛的行为自由，可以根据自己的意志设定权利和义务。私权范围内，法无禁止即自由。但是，这种自由并不是没有边界的，自

由行使的最低限度就是不能侵害他人的合法权益和社会公共利益，也不能违背公序良俗。例如，甲和乙是父子关系，但由于长期感情不睦，甲和乙签订协议，约定断绝双方的父子关系，彼此不再承担赡养和抚养义务。从意思自治的角度来看，该协议确实是甲乙双方的真实意思表示，但是约定内容违反了社会公德，违背了公序良俗原则，因此不能被认定为有效。

1987 年 1 月 1 日施行的《中华人民共和国民法通则》是中华人民共和国成立后的第一部民法基本法，为调整民事法律关系提供了基本的法律规则和保障。而后，我国还颁布了《中华人民共和国收养法》《中华人民共和国担保法》《中华人民共和国合同法》《中华人民共和国物权法》《中华人民共和国侵权责任法》《中华人民共和国民法总则》等民事法律。但这些民事单行法颁布时间不一，且随着社会的不断发展，其内容或多或少已不适应社会需求。故 2020 年 5 月 28 日，第十三届全国人民代表大会第三次会议表决通过了《中华人民共和国民法典》，并于 2021 年 1 月 1 日正式施行。至此，原有的民事单行法失去效力。《中华人民共和国民法典》共七编、1 260 条，各编依次为总则、物权、合同、人格权、婚姻家庭、继承、侵权责任,以及附则。《中华人民共和国民法典》是我国颁布的第一部法典,也是我国法典化的开端。

➡➡ 人身与财产:形形色色的民事权利

小明生活在一个幸福的三口之家。自出生以来,小明的父母就无微不至地照顾他的衣食住行,直到他能独立生活为止。小明父母所做的这一切,不只是来自道德上的责任感,也是民法规定的父母应当承担的义务,从而保障小明能够健康成长。

小明七岁时,父母带他去一家照相馆拍摄用于小学入学的证件照。照相馆未经小明父母许可,就私自将小明的证件照用于广告以招揽客户。小明的肖像权为民法所保障,照相馆在未取得许可的情况下将其照片用作商用,侵犯了小明的肖像权,小明的父母作为未成年子女的法定代理人,依法可以向照相馆索赔。

小明十岁生日时,祖父母送给他一块价值两万元的玉佩作为生日礼物。虽然小明还未成年,但小明作为民事权利主体依法享有财产权,这块玉佩属于小明的个人财产,即使是小明的父母亦不能擅自处理,而应当作为法定代理人为小明妥善保管。

像小明一样,每个人都会参与各种各样的社会活动。为了保障大家参与社会活动的自由,民法赋予了每个人平等参与社会活动的资格,这种资格自出生起贯穿人的一生,它就是"民事权利能力"。但"民事权利能力"仅表明人作为民事主体的天然地位,人能否实际从事某一民事活动,还得看其是否具备相应的民事行为能力。

《中华人民共和国民法典》规定:十八周岁以上的自然人为成年人。不满十八周岁的自然人为未成年人。不满八周岁的未成年人、不能辨认自己行为的八周岁以上的未成年人、不能辨认自己行为的成年人为无民事行为能力人,由其法定代理人代理实施民事法律行为。八周岁以上的未成年人为限制民事行为能力人,实施民事法律行为由其法定代理人代理或者经其法定代理人同意、追认;但是,可以独立实施纯获利益的民事法律行为或者与其年龄、智力相适应的民事法律行为。不能完全辨认自己行为的成年人也为限制民事行为能力人,实施民事法律行为由其法定代理人代理或者经其法定代理人同意、追认;但是,可以独立实施纯获利益的民事法律行为或者与其智力、精神健康状况相适应的民事法律行为。

上例中小明享有肖像权,但因为他七岁时是无民事行为能力人,所以该合法权益受到侵害时,需要他的父母代为行使追责的权利；小明十岁时被赠送玉佩属于纯获利益的民事法律行为，该行为不需要其法定代理人（父母）的同意、追认也是有效的，但是小明的认知能力还不适合处分较大额的财产，所以玉佩应当交由其父母妥善保管，如果没有父母的同意、追认，小明即使出于个人意志处分玉佩，也是无效的。

高考后，小明已满十八周岁且精神健康，可以独立实施民事行为了。小明利用暑假时间打工，并用工资为父母购买了最新款手机。手机使用一段时间后出现严重的质量问题，在与商家协商不成后小明依法提起民事诉讼。作为年满十八周岁的成年人，小明具有完全民事行为能力，即可以通过自己的劳动合法获得工资，从而产生对工资的财产所有权；也可以自由购买商品，进而获得合同规则中的一些权利。

大学毕业之后，小明与相恋多年的女友结婚。小明与女友在民政局登记后，婚姻关系成立，受到《中华人民共和国民法典》的认可和保护。这一婚姻关系派生出来的配偶权，如同居义务、忠实义务、日常家事代理权等，也受到民法的保护。

民法对小明的保护甚至可以延伸到出生之前和死亡

之后。在出生之前，若小明的外祖父母赠与小明一套房产，即使小明尚是母亲腹中的胎儿，只要小明能够顺利出生，这套房产就能归小明所有。当小明年老去世后，小明的名誉权、荣誉权等人身权益依然受民法保护，若他人诽谤已经去世的小明，小明的近亲属可以追究对方的侵权责任。

除自然人外，民法上还有一类法律拟制的民事主体，即法人和非法人组织。法人按照成立目的，还可以分为营利法人、非营利法人和特别法人。法人与自然人的最大区别在于，自然人是实实在在的人，依据自然规律出生和死亡；而法人仅是法律意义上的人，依据法律产生和消灭。法人的民事权利能力和民事行为能力也因此与自然人不同。首先，法人的行为能力和权利能力在存续时间上具有一致性，都始于法人成立，终于法人终止。但是自然人的权利能力和行为能力并不一定同时存在。其次，法人的行为能力范围和权利能力范围一致，均取决于法人的宗旨和业务范围。自然人的权利能力具有平等性和广泛性，但是行为能力则根据年龄和心智的不同有所区别。

总体而言，民法所保护的民事权利分为两大类，即人身权利和财产权利。人身权利是指与人身不可分离且没有直接经济内容的权利,包括人格权和身份权两大类。上述事例中小明的生命权、健康权、肖像权等权利都属于人身权利。除此之外,民法中的人身权利还包括姓名权、名称权、名誉权等人格权,以及因婚姻关系、家庭关系而产生的亲属权等身份权。法人的人身权较自然人少,凡是有自然人属性的权利,法人都不能享有,比如生命权、身体权;与自然人属性无关的权利法人可以享有,比如名称权、名誉权和荣誉权。财产权利是指以财产利益为内容,直接体现财产利益的民事权利,它包括物权、债权、知识产权三大类。小明因为购买手机而对手机店产生的合同权利就属于财产权中的债权。

➡➡ 商法:保障安全交易和便捷营利

✥✥ 市民社会中的特别法

在电视剧中,我们经常看到公司之间的交易采用支票进行支付。你有没有想过,支票这样一张薄薄的纸是如何价值百万、千万的?它是如何承兑的?一家完整的公司往往设有股东会、董事会、监事会,还聘有经理,它们之间的关系如何?公司运营状况不好、资不抵债,宣告破产的话,公司对外的债务又如何清偿?公司背后的股东对公司债务承担怎样的责任?这些都是商法所调整的范围。

商法是调整商事主体参加的商事关系的特别私法。商事主体都是营利主体。非营利主体如民事主体、行政主体，即使偶尔从事营利活动，也不是商法的调整对象。由于商法调整的各营利主体之间的地位是平等的，这一点与民法相似，故商法和民法经常被放在一起讨论。商法和民法一般被统称为民法商法部门，两者之间有紧密的联系。在两者的关系上，可以把民法看成一般法，把商法看成特别法。民法的调整范围广泛，适用于各类民商事主体所实施的民事行为；而商法调整的范围有限，仅适用于民商事主体从事商事经营活动的关系，或者仅仅适用于民事行为中与营利相关的商行为。我国目前没有统一的商法典，只有《中华人民共和国公司法》《中华人民共和国合伙企业法》《中华人民共和国企业破产法》《中华人民共和国票据法》《中华人民共和国证券法》《中华人民共和国保险法》等商事单行法。商法的体系较为庞杂，从内容上主要分为两部分：一是对商主体予以规范的规则，可以称为商主体法，如《中华人民共和国公司法》《中华人民共和国合伙企业法》等；二是对特殊商行为予以调整的规则，可以称为商行为法，如《中华人民共和国票据法》《中华人民共和国证券法》《中华人民共和国保险法》等。

✥✥ 商主体法

商主体法是关于商事主体的内外部法律关系,商事组织的治理结构,以及商事主体内部相关人的权利、义务与责任的规范。商主体严格法定是商法最重要的原则之一,它是指可以进行经营活动的商主体在组织形式上由法律予以明确设定,非经法律设定者不得享有商主体资格。商主体的财产关系和组织关系也由法律予以明确规定。在我国,商事主体主要有个体工商户、个人独资企业、合伙企业、公司、农民专业合作社等类型。其中,个体工商户与个人独资企业为商个人,是由一个自然人投资设立、经营并对债务承担全部责任的商事主体。合伙企业、公司、农民专业合作社为商事组织,是由多个主体(自然人或者组织)投资设立的。商事组织的投资人通常有两个或者两个以上,所以需要商主体法规定如何形成经营决策、如何执行决策、出资人对商事组织享有何种权利、商事组织的债务由谁承担等特别规则。

公司是最常见的商事主体。典型公司的运作模式为:股东作为投资者出资设立公司,由全体股东组成公司最高权力机关,即股东大会;选举董事组成董事会,或者选举一个执行董事;选举监事组成监事会,或者选举一至两名监事;董事会或者执行董事负责公司的经营管理,董

事会聘请高级管理人员负责落实、执行董事会的经营管理决策。由监事或者监事会代表股东对董事和高级管理人员的经营管理行为进行监督。

《中华人民共和国公司法》规定，公司是一个独立的法人，拥有独立的人格、独立的财产并承担独立的责任。独立的人格是指公司以自己的名义与他人交易，股东对外不能代表公司，股东死亡不会导致公司"死亡"。独立的财产是指股东向公司出资的财产以及公司在经营中赚来的利润，其所有权人是公司，而不是股东；即使是大股东，也不能未经《中华人民共和国公司法》或者公司章程规定的条件和程序拿走公司财产，否则将构成侵占公司财产行为，轻则引发民事赔偿与行政处罚，达到一定严重程度甚至构成犯罪。独立责任是指对于公司的债务，公司以自己的全部财产承担无限责任，公司股东以认缴的出资额为限承担有限责任，即股东有限责任。这样，股东就可以将投资的风险限定在可控范围之内，不会因公司经营失败而累及其他财产。

假设甲想成立一个公司，并拉上朋友乙、丙、丁一起出资，他们四人商议各认缴出资 100 万元，总出资额为400 万元。这样商议完成后直接到市场监管部门注册登记，公司就成立了吗？并不是。《中华人民共和国公司法》规定,设立公司应当制定书面的公司章程,章程应当记载公司的注册资本、各个股东的出资额与出资时间,以及公司的名称、住所、经营范围、股东名字与公司治理结构,由所有股东签字盖章。

经过商议,甲、乙、丙、丁认为公司规模较小,不需要设立董事会,只设一名执行董事负责公司的经营管理事务,并由执行董事担任公司法定代表人;另设置一名经理,辅助执行董事经营管理公司;设两名监事负责公司内部监督。前述内容记载到书面的公司章程上后由四人签字,便形成了这个公司的内部"游戏规则"。同时,四人召开了公司第一次股东会,选举甲作为公司的执行董事,并担任公司法定代表人;选举乙为经理,选举丙、丁担任监事,并制作了股东会决议。

此后,四人共同委托一个代理人到市场监管部门办理公司设立手续,提交公司设立申请书,公司章程,第一次股东会决议与全部股东、董事、监事、经理及代理人的身份证明。市场监管部门经过审查后,认为符合《中华人民共和国公司法》规定的公司设立条件,发放了该公司的营业执照。营业执照的发放,在法律上意味着一个新公司的诞生。

公司设立后若经营不善,对外负债 500 万元,则公司

需要以自己的全部资产来偿还这 500 万元的债务,甲、乙、丙、丁四人最多只需要在自己认缴的 100 万元的范围内承担清偿责任。若公司资产不足以清偿全部债务,就需要启动《中华人民共和国企业破产法》所规定的清算程序,使债权人得到公平受偿。同时,四个股东也因有限责任原则而对未清偿部分免责。当然,享受有限责任的保护是有条件的,即公司设立后,四个股东不存在损害公司独立人格,尤其是公司独立财产的行为。

❖❖ 商行为法

商行为即商事交易行为。商事交易的实现必须依托于合同。由于《中华人民共和国民法典》所规定的合同法的一般规则均适用于所有商事行为,因此受商法规范的商事行为主要是一些特殊交易,在我国主要包括涉及金融交易的行为,如票据、证券、保险、基金等交易。这里主要介绍《中华人民共和国票据法》和《中华人民共和国证券法》。

《中华人民共和国票据法》主要规范票据的签发、背书、承兑、保证、付款、追索等行为,以及由前述行为引发的法律关系。票据是一种有价证券,常见的票据包括汇票、支票、本票等。以汇票为例,在开出汇票之前,必须先与银行达成"汇票承兑协议",银行同意对开出的汇票承兑。承兑可理解为"承诺兑付"，是指在付款日，持票人可要求承兑银行将汇票上记载的金额兑换为货币。由于银行的支付能力得到社会普遍认可，所以汇票能够像货币一样具有支付能力。

《中华人民共和国证券法》主要规制证券的募集、发行、交易，以及对证券市场进行监督。在我国，比较常见的证券是股票与债券。股票代表着股权，持有股票的人是股份有限公司的股东；债券代表着债权，债券的持有人是发行人的债权人。以股票为例，当公司经济效益不错，且规模扩张到很大时，便可以选择上市。在公司上市的过程中，新股发行的条件与程序、新股发行后在二级市场上的交易、上市公司收购的条件与程序、上市公司的信息披露，以及上市公司、证券公司的监督管理等，都由《中华人民共和国证券法》规制。

商法中商主体法和商行为法的二分并不是绝对的，同一部法律中可能会同时出现商主体和商行为的内容，如《中华人民共和国公司法》在规定有限责任公司、股份有限公司、一人有限责任公司、国有独资公司等各种公司形式之外，还规定了股份有限公司股份发行和转让等商行为的内容。总体而言，商法鼓励公平、便捷的交易，并通过国家干预的方式建立良好的交易秩序来保障交易安

全，使得商法在保障交易安全，促进便捷营利、激发社会主义市场经济活力上发挥了巨大作用。

➡➡ 涉外民商事关系的调整

在经济全球化的趋势下，各国之间的商业往来更加紧密、人际互动更加频繁，也因此产生了许多民商事领域的矛盾与纠纷。比如，一名 A 国公民在 B 国留学期间，不小心把 B 国公民的电脑摔坏了，或者 A 国某公司侵害了 B 国某公司的知识产权等。这些矛盾与纠纷有很多解决方式，既可以进行私下协商也可以采用调解、仲裁、诉讼等方式。如果选择了诉讼，那么我们必须解决一个问题：应依据哪部法律来维护自身的权益？

为什么在涉外民商事关系的调整中存在这样的问题？这是因为在涉外民商事关系中，参与诉讼的公民或者企业涉及多个国家，他们可能分别主张适用不同国家的法律。但是对于同一民商事关系，不同国家的法律往往有着不同的规定，这便导致了法律选择的冲突。假设 A 国公民甲在 B 国与 B 国公民乙发生争执，甲失手打伤了乙。乙在 B 国法院起诉了甲，乙主张适用自己国家的法律，即 B 国的法律，而甲主张适用 A 国的法律，但 A、B 两国的法律关于侵权赔偿的规定有区别，从而产生了法律适用的冲突。为了解决这一冲突，锁定用以维护权益的具体规则，涉外民商事关系形成了两种特殊的调整方法——间接调整方法和直接调整方法。根据实践的情况来看，和大多数国家一样，我国目前以间接调整方法为主、直接调整方法为辅。

间接调整方法是依赖间接法律规范来实现的。它的间接性体现在并不直接规定某一涉外民商事关系中的权利和义务，而是指出要用哪个国家的法律来解决问题，这一间接法律规范被称为冲突规范。假设这样一个情境：甲长期居住在中国，乙长期居住在美国，两个人在北京经营相互竞争的同类产品。乙不时在网上发布不利于甲的消息，致使甲的名誉受损，于是甲在中国法院状告乙侵害他的名誉。依照中国的冲突规范，应当适用的法律是"被侵权人经常居所地的法律"。我们单看本条规定是无法明确甲与乙之间的权利和义务关系的，也就不可能知道如何审判才能维护好甲的利益。但结合本案的具体情况，此情境下的经常居所地是甲所在的中国，所以应适用中国的法律进行审判。这就是冲突规范发挥作用的方式。我国的冲突规范集中在《中华人民共和国涉外民事关系法律适用法》及其司法解释，以及《中华人民共和国民法典》《中华人民共和国海商法》《中华人民共和国民用

航空法》《中华人民共和国票据法》等法律中。

直接调整方法是依赖直接法律规范来实现的。它的直接性体现在直接规定了涉外民商事关系中的权利和义务,而不用寻求他国的法律解决,这一直接的法律规范被称为实体规范。假设这样一个情境:甲是营业地在 A 国的公司,乙是营业地在 B 国的公司,甲将 20 箱货物卖给乙并约定好 2 月 20 日交给乙,但实际上甲 2 月 18 日就交货给乙,乙可以怎么做? 如果 A 国和 B 国都是《联合国国际货物销售合同公约》的缔约国,那么根据该公约的规定,卖方应按时交货,如果卖方提早交货则买方可以收取货物也可以拒绝收取货物。因此,乙可以根据自己的情况决定收取或者拒收货物。甲与乙在国际货物销售关系中拥有的权利和义务是从《联合国国际货物销售合同公约》中直接得出的,而不需要在 A 国与 B 国的法律之间判断选择。这种直接告诉我们可以怎么做或者不应怎么做的规范就是实体规范。

实体规范既存在于国际条约和国际惯例中,也存在于国内法中。国内法中的实体规范,如规定外国人在本国民事法律地位的规范,散见于《中华人民共和国宪法》《中华人民共和国民法典》《中华人民共和国对外贸易法》《中华人民共和国专利法》等数十部法律法规之中。国际条约和国际惯例中的实体规范被称为国际统一实体规范，是在传统的冲突规范不能有效解决涉外民事纠纷中某些问题的基础上产生的，可以避免或者消除可能发生的法律冲突，从而更明确、更直接地确定彼此间的权利和义务。《联合国国际货物销售合同公约》是典型的国际统一实体规范，我国也加入了这一公约，可以直接适用该公约。

▶▶ 行政法：调整行政关系的法律

➡➡ 行政法速写

对于公民来说，"法不禁止皆可为"，意思是公民可以自由行使自己的权利，只要不做法律禁止的事情就是合法受保护的。但是对于政府来说，却要适用相反的"法无授权即禁止"原则。为什么会有这样的差异呢？这主要是因为政府有着人民赋予的权力，一旦滥用会严重损害私权，所以必须对它加以限制。而限制的主要方式就是用法律明确规定其权限和行使权限的程序以及违规滥用公权力应受到的监督和处罚。行政法便担负着这一重任，是调整行政关系的法。

简单地说，行政法调整的是"两个人物"因为"一件事"而产生的"三种关系"。"两个人物"分别是行政主体

和行政相对人，"一件事"是指行政行为，"三种关系"则是指行政管理关系、行政救济关系和内部行政关系。

例如，某公安分局接到群众举报，辖区某小区内有人卖淫嫖娼。对此，公安机关依法开展调查，将卖淫违法人员陈某、嫖娼违法人员李某查获。经审查，上述人员对违法事实供认不讳，某公安分局依法对二人进行行政拘留。

在这个案例中，某公安分局就是行政主体。行政主体是依法享有行政职权，能够以自己的名义独立对外实施行政行为，并独立承担法律责任的组织。卖淫违法人员陈某、嫖娼违法人员李某就是行政相对人，行政相对人是参与行政法律关系，对行政主体享有权利或者承担义务的公民、法人或者其他组织。某公安分局对陈某、李某的卖淫嫖娼行为进行行政处罚就是行政行为，该行为是行政主体为了达到国家行政管理目的、行使行政职权和履行行政职责所实施的一切具有法律意义、产生法律效果的行为。公安机关和陈某、李某的关系就是行政管理关系，专指行政主体在行使行政职权过程中与行政相对人发生的各种关系，这是行政关系中最主要的一部分。

如果在上述案例中，被处罚人李某认为公安机关在调查过程中程序违法、未充分保障其合法权利，遂向市公安局提起行政复议。因李某的此种行为而发生的关系就是行政救济关系：行政相对人认为其权益受到行政主体行政行为的侵害，向行政救济主体申请救济；行政救济主体应行政相对人的请求，对其申请事项予以审查，做出向行政相对人提供或者不予提供救济的决定而发生的各种关系，一般包括行政复议和行政赔偿。

如果本案中的办案民警王某因在维护治安稳定方面成绩突出，被公安机关授予嘉奖一次，那么王某和公安机关的行政奖励关系就属于内部行政关系。行政主体内部发生的各种关系都属于这一类别，包括上下级行政机关之间的关系、平行行政机关的关系、行政机关与公务员的关系等。

上面通过案例简要地描述了行政法调整的行政关系。在这三类关系中，行政主体和行政相对人的行政管理关系是基干，行政救济关系是行政管理关系派生出来的关系，而内部行政关系则是行政管理关系的一种从属关系，三者通过行政法为其关系双方确定的适当的权利和义务来保持一定的秩序状态。

当然，行政法所涉及的理论体系博大精深，本案例只是揭示了行政法律制度的冰山一角，附上行政行为的思维导图（图2），希望能够帮助你领略到法律制度设计的精妙和独特魅力。

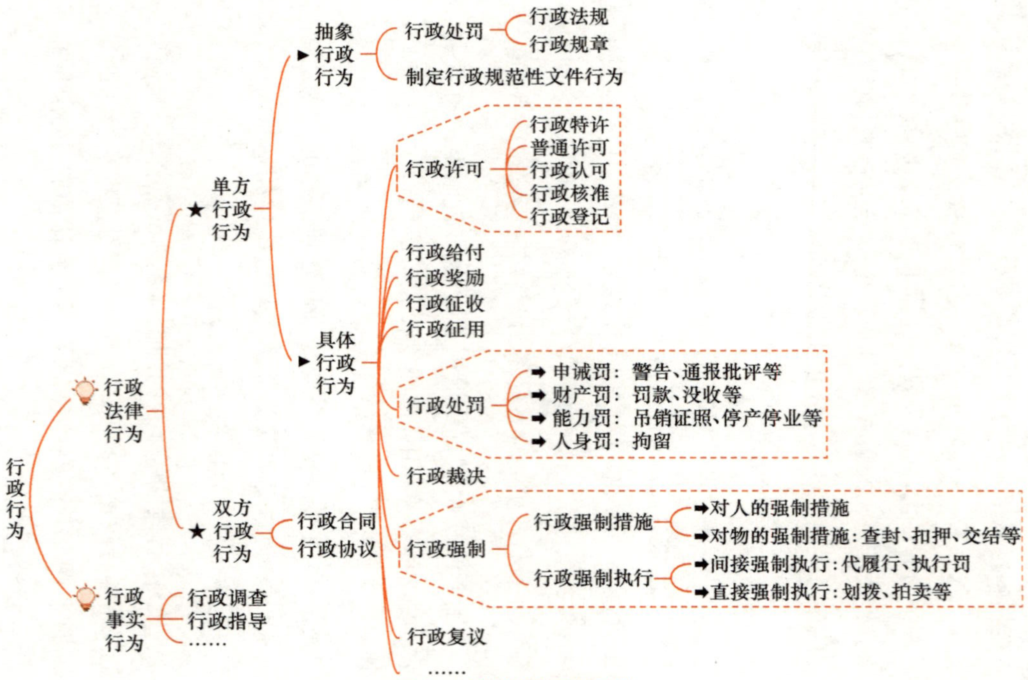

行政行为的思维导图

- 行政法律行为
  - 抽象行政行为
    - 行政法规
    - 制定行政规范性文件行为
    - 行政规章
  - 具体行政行为
    - 单方行政行为
      - 行政处罚
        - 申诫罚：警告、通报批评等
        - 财产罚：罚款、没收等
        - 能力罚：吊销证照、停产停业等
        - 人身罚：拘留
      - 行政许可
        - 行政特许
        - 普通许可
        - 行政认可
        - 行政核准
        - 行政登记
      - 行政征收
      - 行政给付
      - 行政奖励
      - 行政裁决
      - 行政强制
        - 行政强制措施
          - 对人的强制措施
          - 对物的强制措施：查封、扣押、冻结等
        - 行政强制执行
          - 间接强制执行：代履行、执行罚
          - 直接强制执行：划拨、拍卖等
      - 行政复议
    - 双方行政行为
      - 行政合同
      - 行政协议
- 行政事实行为
  - 行政指导
  - 行政调查
  - ……

图 2　行政行为的思维导图

➡➡ 行政法的"三最"

行政法是宪法最重要的实施法。宪法是国家的根本大法,在许多方面的规定是抽象的、原则的,需要不同的部门法将之具体化。宪法所规定的国家基本政治、经济、文化、社会制度以及公民的基本权利和义务无一不涉及行政权力的行使与监督;没有行政法律规范的具体规定,这些基本制度和权利就无法落实,宪法也难以有效实施。因此,民间有说法认为行政法是"动态的宪法""小宪法"。行政法是宪法最重要的实施法。

行政法是数量最庞大的部门法。与民法、刑法等其他部门法不同,行政法涉及的内容非常广泛,国防、外交、经济、文化、教育、卫生等各个领域都受行政法调整。而且,制定行政法律规范的主体是多样的,有权力机关立法,也有行政机关立法,各立法主体制定出的法律规范文件种类不一、名称多样,效力层次上也有很大差异,这就使得行政法律规范的数量巨大,居各部门法之首。

行政法是与个人关系最密切的法。很多人可能一辈子都不会与法院、检察院打交道,但却会在人生中的某一个阶段,甚至每年、每月、每日都必须与行政机关打交道。一个婴儿一出生,父母便要到常住地户口登记机关申报

出生登记；出行要遵守交通规则、接受交警监督，工作获得收入要依法向税务部门纳税，结婚要去民政部门登记领证，办企业要向工商部门申领营业执照，出国要向出入境管理部门申领护照，去世后家人要到户籍部门注销户口，还有网络使用安全、医疗养老保障、食品安全卫生等都与行政部门息息相关。可以说，一个人的生老病死、衣食住行，从摇篮到坟墓，都离不开行政法。

➡➡ 行政法要求"平衡的艺术"

与民商法调整个人之间在民事、经济中往来的利益不同，行政法主要解决的是公共行政中个人、市场、社会和国家之间的利益安排和调整。协调好四者之间的关系，保障国家的可持续发展，这就要求行政法善用"平衡的艺术"。

首先，行政法要支持和保障公共行政的高效开展。需要合理界定政府职能，建立高效的行政管理体制；需要建立健全公务员制度、公共财政制度和公物公产制度；需要运用充分的手段确保政府职能的履行；需要解决好谁来做事、如何做事、做哪些事，保障国家机器有序、有界限、高效运行和发展。

其次，行政法要规范和控制行政权。人们结成社会，共同生活,就不能没有公权力;人们建成国家,进入政治生活,更不能没有公权力,特别不能没有行政权,这是人们了解的常识。那么,为什么要对行政权加以控制和规范呢? 主要是因为行政权具有双重性:一方面它可以为我们提供稳定的秩序,使我们能在一个有序的环境里生产、生活,还可以起到积极地组织、协调、指导和服务的作用,促进社会经济的高速发展;但另一方面,行政权有被滥用的风险。与立法权、司法权相比,行政权最经常、最广泛、最直接涉及行政相对人的权益,但行政权实施的程序远不及立法权、司法权行使的程序严格,最容易导致滥用和腐败。基于以上原因,建立和完善对行政权的控制、制约和规范机制是必要的、必需的。行政法通过行政组织法控制行政权的权源,通过行政行为法和行政程序法规范行政权行使的手段和方式,通过行政救济法制约行政权滥用,确保行政权的运行不偏离既定目标。

最后,行政法还要保障公民的自由和权利。在现代社会,公民个人的自由和权利有了更丰富的内涵,除了传统的人身权利、财产权利和政治权利以外,还包括经济自由权、受教育权、环境权、发展权、知情权等,行政法通过建立相应的行政法律制度来确认和拓展公民的自由和权利,比如建立行政公开制度让公民有权利了解行政权力

61

运行的依据、过程和结果,也有机会加强对行政行为的监督;通过建立听证制度让公民有权利直接参与公共行政等;通过建立行政服务制度为公民提供各种服务,以促进人的全面发展,从更深层次上实现人的自由和平等,例如,建立义务教育和终身教育制度、社会保障制度,建立城市生活中的供水、供电、供气等服务制度等;通过事后的行政救济制度,例如,行政复议制度、行政赔偿制度等恢复个人被违法行政行为所侵害的利益。

➡➡ 依法行政是行政法的灵魂

依法行政是行政法的核心理念,是依法治国基本方略的重要内容,是法治国家、法治政府建设的基本准则,也是维护市场经济秩序、保障人民合法权益的客观需求。依法行政主要有六个基本要求:合法行政、合理行政、程序正当、高效便民、诚实守信、权责统一。这些要求不仅是写在规范性文件里的准则,也应融入公共行政的各个环节,更应是老百姓生活中能够感受到的温暖与力量。

合法行政便是本章开篇提到的"法无授权即禁止"。这是依法行政最重要的标准,要求行政权力的存在、运用必须依据法律规范、符合法律规范,不得与法律规范相抵触。它也可以概括为法无授权不可为、法定职责必须为。

对于行政机关来说,其职权只能来自法律的规定,行政主体必须在法定的权限范围内活动,越权的行为无效。

程序正当可以追溯到英美法上的自然公正原则,即任何人都不能做自己案件的法官。它要求行政机关在做出影响行政相对人权益的行政行为时,必须遵循正当的法律程序,采取包括告知、说明理由、听取意见等方式,通过规范行政行为来保障行政相对人的合法权益。

某博士诉北京大学撤销其博士学位的案件,经人民法院一审、二审,北京大学均败诉,曾一度引发热议。案件本身不复杂,该博士列在博士科研成果表里的一篇论文在其获得博士学位后被认定为抄袭。北京大学随后展开调查,经过校内各项程序后决定撤销其博士学位。该博士不服该决定,遂向人民法院提起行政诉讼。本案争论的焦点之一就在于北京大学做出的决定是否符合正当程序原则。人民法院审理认为,北京大学在做出《关于撤销×××博士学位的决定》前,仅由调查小组约谈过一次该博士,约谈的内容也仅涉及论文是否涉嫌抄袭的问题。至于该问题是否足以导致该博士的学位被撤销,北京大学并没有进行相应的提示,该博士在未意识到其学位可能因此被撤销这一风险的情形下,也难以进行充分的陈述与申辩。因此,北京大学在做出《关于撤销×××博士

学位的决定》前由调查小组进行的约谈,不足以认定其已经履行正当程序。未履行正当程序原则,未充分保障相对人的合法权益,是北京大学败诉最重要的原因。

程序正当主要包括三个内容:

一是行政公开。行政主体在行使行政权力的过程中,除涉及国家秘密、个人隐私和商业秘密外,应当将行政权力运行的依据、过程、结果以及由此产生的政府信息,主动或者依照申请及时向行政相对人及社会公众公开。

二是程序公正。当行政机关工作人员与所处理的行政事务有利害关系,可能影响程序公正进行时,应依规回避;当有两个或者两个以上行政相对人时,不得在一方当事人不在场的情况下与另一方当事人接触、听取其陈述或者接收其证据;在做出对行政相对人不利的行政行为之前,必须事先告知当事人执法依据及救济渠道,听取行政相对人和利害关系人的陈述和申辩意见。

三是公众参与。受行政权力运行结果影响的利害关系人有权参与行政权力的运行过程,表达自己的意见,并对行政权力运行结果的形成发挥有效作用。这就要求行政机关在行使职权的过程中,除法律规定的程序外,应当尽可能为行政相对人提供参与行政活动的机会,从而确保行政相对人实现行政程序权利,同时也可以促使行政活动更加符合社会公共利益。公众参与强调的是参与行政权的运行过程,而不是简单地"出席""到场""参加",而参与过程实际上又是行政主体行使行政权与行政相对人参与行政形成的互动过程,使得双方互相影响,双方的意志得以充分沟通和交流。听证就是其中的核心制度,即相对人享有听证权,也就是被听取意见的权利。除此之外,行政相对人的行政参与权还包括获得通知权、陈述权、抗辩权、申请权等。《中华人民共和国立法法》《行政法规制定程序条例》《重大行政决策程序暂行条例》都规定了专门的公众参与程序,不经公众参与不得做出行政行为。

高效便民具体包括两个方面的要求:一是行政效率,即行政机关应当积极、迅速、及时地履行其职责、实现其职能,严守时限规定,并不断降低行政成本。二是便利当事人,即行政机关应当尽可能减少当事人的程序性负担,节约当事人的办事成本。

随着服务政府、法治政府建设的不断推进,一些影响群众满意度的难题逐渐得到解决。司法部成立清理工作领导小组,建立清理工作联络机制,通过各种方式推进各地区、各部门共取消证明事项 13 000 多项。各地政府对与企业群众密切相关的事项,采取首问负责、一次性告

知、并联办理、限时办结等制度,开展一站式服务、上门办理、预约办理、网上办理,切实解决企业群众办事难、办事慢、多头跑、来回跑等问题,这些举措都是高效便民的具体体现。高效便民不仅是衡量行政机关工作质量的重要标准,也是决定行政机关能否真正落实服务于民宗旨的重要环节。因为一个"好"的政府,其行为既应当是合法的,也应当是有效的。

▶▶ 刑法:规定犯罪和刑罚的法律

➡➡ 刑法是最严厉的法律

刑法是我国主要的部门法之一,是中国特色社会主义法律体系的重要组成部分。刑法规定的是犯罪和刑罚,是法律体系中最为严厉的法律,这也是刑法区别于其他部门法的根本特征。一个国家为什么需要刑法?这是因为犯罪的存在。犯罪是一种恶,是社会生活中最为严重的破坏性行为,而刑法则是规制犯罪的手段——为了对抗最为严重的侵害,必定需要最为严厉的法律。因此,刑法的严厉性因犯罪的危害性而存在。正因为如此,刑法并不关注生活中绝大多数行为,刑法关注和规制的是最为严重的侵害行为。

在日常生活中,我们经常听到"违法犯罪"的表述,实际上,"违法"与"犯罪"是两类性质不同的行为。"违法"主要是指较为轻微的违反一般法律法规的行为,而"犯罪"则是指较为严重的触犯刑法的行为,两类行为在危害程度上存在显著差异。以猥亵行为为例,如果仅是一般的猥亵行为,由于情节轻微危害不大,应属于《中华人民共和国治安管理处罚法》第四十四条规定的猥亵行为,一般处以行政拘留。但如果属于危害较大的"强制猥亵"行为,则可能触犯《中华人民共和国刑法》(以下简称《刑法》)第二百三十七条规定的强制猥亵罪,处五年以下有期徒刑或者拘役。由此可见,"违法"与"犯罪"的区别在于行为的危害性大小。

刑法作为最严厉的法律,是其他部门法的后盾和保障。也就是说,当其他部门法不足以惩治某些较为严重的危害行为时,刑法就登场了。例如,针对饮酒后驾驶机动车的行为,根据驾驶人血液中酒精含量的不同承担不同的责任。驾驶人血液中酒精含量低于80毫克/100毫升的属于饮酒后驾驶机动车。根据《中华人民共和国道路交通安全法》第九十一条:"饮酒后驾驶机动车的,处暂扣六个月机动车驾驶证,并处一千元以上二千元以下罚款。因饮酒后驾驶机动车被处罚,再次饮酒后驾驶机动

车的,处十日以下拘留,并处一千元以上二千元以下罚款,吊销机动车驾驶证。"虽然处罚也比较严厉,但针对饮酒后驾驶机动车的处罚仍然属于行政处罚,是一般性质的违法行为。但是,如果驾驶人血液中酒精含量达到 80 毫克/100 毫升则属于醉驾,根据《刑法》第一百三十三条之一的规定可以构成危险驾驶罪,应处拘役,并处罚金。这就不是一般意义上的违法行为,而是犯罪了。因此,针对饮酒后驾驶机动车的行为,如果程度较轻,属于由行政法规调整的一般违法行为;如果程度较重,行政处罚已经不足以处罚这种行为了,则需要刑法予以规制。从这个意义上来说,刑法是包括行政法在内的其他部门法的保障法,当行为的危害性超出其他部门法的规制能力时,就需要动用刑法。

刑法之所以被称为最严厉的法律,主要原因在于刑罚的严厉性。为什么要对犯罪人处以刑罚?这既是为了使犯罪人不再犯罪,也是为了防止犯罪人以外的其他人陷入犯罪的深渊。回顾刑罚的发展历史,其发展规律总体上是从严厉走向轻缓,从野蛮走向文明的。以残酷肉刑为主要内容的封建刑罚已然远去,现代国家的刑罚更为文明和人道。《刑法》一共规定了五种主刑和四种附加刑。五种主刑分别是死刑、无期徒刑、有期徒刑、拘役和管制;四种附加刑分别是罚金、剥夺政治权利、没收财产和驱逐出境。主刑可以单独适用,也可以和附加刑合并适用,附加刑也可以单独适用。例如,对于罪行极其严重的犯罪分子,可以判处死刑。而对于判处死刑的犯罪分子,应当剥夺政治权利终身。这就是主刑和附加刑同时适用的情形。值得一提的是,死缓(死刑缓期两年执行)是我国独创的一种死刑执行方式,在两年的缓刑执行期间,如果没有故意犯罪的,原判死刑就不再执行了,减为无期徒刑或者有期徒刑。死缓不是独立的刑种,但对于减少死刑的适用、贯彻少杀慎杀的刑事政策具有重要意义。

有犯罪则需要承担刑事责任。先哲贝卡利亚曾言:"刑罚的威慑力不是来自其严酷性,而是来自其不可避免性。"在封建时代,统治者们认为"刑不可知,则威不可测",强调刑法的神秘性;在适用上则实行"刑不上大夫"的区别对待。进入文明时代,"罪刑法定"已经形成广泛共识,即"法无明文规定不为罪,法无明文规定不处罚"。简单来说,只要没有刑法规定,就不能定罪和处罚。罪刑法定原则将刑罚权关进了制度的笼子里,限制它恣意妄为,有利于人权保障。罪刑法定原则也成为成文法国家刑法共同遵守的基本规则。

一个犯罪分子被判处或重或轻的刑罚,受多种因素影响,比如是否是累犯,是否有自首、坦白、立功等行为。惩罚犯罪不是刑法的目的而只是手段,刑法鼓励犯罪分子悔改向善,通过自我改造降低和消灭其危险性并最终回归社会。但是,假若一个人被判处刑罚,其后果是极为严重的,除了需要承担主刑或者附加刑之外,还会在其他方面对其造成极为严重的影响。例如,根据我国相关法律规定,承担过刑事责任的人不能从事公务员、律师、教师等职业,甚至对其子女就业也会造成一定影响。因此,刑法是一条高压线,一旦触碰就会"一失足成千古恨"。与其他类型的违法行为相比,犯罪的代价是巨大的,是难以承受之重。

➡➡ 犯罪的类型

犯罪是一个社会中最为严重的危害行为,是刑法规制的对象。刑法之所以将某些行为规定为犯罪,是因为这些行为侵犯了刑法所保护的利益。刑法也并非将所有危害社会的行为都规定为犯罪——这既不可能也没有必要。

在社会生活中,犯罪表现为多种形式,呈现出多种样态。我们之所以对某个对象进行分类,是为了更好地认识它,对犯罪的分类同样如此。总体而言,对犯罪现象进行分类是一件较为困难的事,因为根据不同的分类标准可以将犯罪划分为不同的类型。例如,以身份划分,可以分为青少年犯罪和老年人犯罪、男性犯罪和女性犯罪、职务犯罪和非职务犯罪等;以犯罪侵害的对象划分,可以分为人身犯罪和财产犯罪等;以犯罪行为的实施方式划分,可以分为网络犯罪和传统犯罪;以犯罪的人数划分,可以分为个人犯罪和共同犯罪,后者又可以分为一般共同犯罪和犯罪集团(有组织犯罪)等。由于分类标准的不同,各类犯罪之间会出现交叉、包容的现象,例如,男性犯罪也可能是网络犯罪。上述分类只是人们对于犯罪现象的一般认识和分类,分类标准或许并不严谨和周延,但易于认知和讨论,因而为许多人所熟知。例如,网络犯罪是对与网络有关犯罪的统称,而不是特指某一个具体的刑法罪名。

根据犯罪研究角度的不同,可以分为刑法意义上的犯罪和一般意义上的犯罪。前者以是否违反刑法规定为标准,主要讨论定罪与量刑;后者基本上属于犯罪学意义上的犯罪,主要研究犯罪发生的原因、犯罪现象的规律以及犯罪预防。我国刑法主要以犯罪行为所侵害的法益作为分类标准将犯罪分为十类,分别是危害国家安全罪,比

如间谍罪;危害公共安全罪,比如爆炸罪;破坏社会主义市场经济秩序罪,比如生产、销售伪劣产品罪;侵犯公民人身权利、民主权利罪,比如故意杀人罪;侵犯财产罪,比如盗窃罪;妨害社会管理秩序罪,比如高空抛物罪;危害国防利益罪,比如冒充军人招摇撞骗罪;贪污贿赂罪,比如受贿罪;渎职罪,比如玩忽职守罪;军人违反职责罪,比如投降罪。根据罪刑法定原则,刑法没有规定的,即便看似危害极为严重,也不能采用所谓"举轻以明重"的类推方式认定为犯罪。例如,我国刑法规定的危险驾驶罪,并未将毒驾行为纳入规制。因此,毒驾尽管与醉驾相比具有相同甚至更重的危害性,但不能认定为危险驾驶罪,这是罪刑法定原则的应有之义。

由于社会处于不断变化当中,作为对社会生活的回应,刑法同样处于不断修改当中。迄今为止,自《刑法》(1997年修订)颁布以来,一共进行了十一次修正。由于《刑法》规定的罪名众多且处于不断的变化当中,许多人对《刑法》所规定的罪名并不是十分了解。比如,某些人掏鸟窝之后将鸟儿丢弃、杀害、出售或者食用,但并不知道该种行为是否触犯《刑法》。在这种情况下,该种行为是否构成犯罪?此时鸟儿的品种非常重要。如果属于列入《国家重点保护野生动物名录》的国家一、二级保护野生动物,就可以构成《刑法》第三百四十一条规定的危害珍贵、濒危野生动物罪。那么行为人能否以不知道鸟儿属于国家保护野生动物为由而免除刑事责任?不能。法谚"不知法不赦"说的就是这个道理。也就是说,在通常情形下,行为人不能因自己不知道《刑法》的规定而免除刑事责任。与此类似,不知道替考是犯罪,进而代替他人参加国家考试的构成代替考试罪;以为吸毒不是犯罪,但容留他人吸毒的构成容留他人吸毒罪;以为卖淫不是犯罪,但容留他人卖淫的构成容留卖淫罪。需要注意的是,吸毒和卖淫虽然不是犯罪行为,但属于违反《中华人民共和国治安管理处罚法》的行为。

要明白哪些行为构成犯罪,哪些行为不构成犯罪,最为简单有效的方式就是参照《刑法》的规定。如果行为违反了《刑法》规定,则构成犯罪,反之则不构成犯罪。《刑法》规定的所有犯罪,既是判断犯罪的裁判标准,同时也是行为标准,它告诉我们哪些行为能做,哪些行为不能做。犯罪的认定是一项十分复杂的司法活动,既依赖于实体法即《刑法》的规定,又依赖于程序法即《中华人民共和国刑事诉讼法》(以下简称《刑事诉讼法》)的规定,两者互为依存,缺一不可。"以法律为依据,以事实为准绳"是对犯罪认定过程的最好概括。在以往的司法实践中,出

现了一些令人痛心的冤假错案,其根本原因就是没有严格依照法律规定和事实证据进行严格认定。如果说《刑法》规定了什么是犯罪,那么《刑事诉讼法》规定了如何认定犯罪。程序的重要性不言而喻:正义要实现,并且要以看得见的方式实现。犯罪的认定需要遵守严格的司法程序,通常需要经由公安机关侦查、检察机关起诉、人民法院审判才能最终确定。可以说,严格依照《刑法》和《刑事诉讼法》的规定开展刑事司法活动,是确保案件公正与个体权利不受侵害的根本方法。

➡ ➡ 刑法的管辖范围

刑法的管辖范围可以从两个方面回答:其一是刑法的空间效力,即在什么地方对什么人具有效力;其二是刑法的时间效力,即刑法在什么时间范围内具有效力,涉及的是刑法的生效、失效时间以及刑法是否具有溯及力的问题。

刑法的空间效力,即刑法在什么地方对什么人具有效力。"什么地方"涉及的是属地管辖权,"什么人"涉及的是属人管辖权。

关于属地管辖权,一国刑法除有法律特别规定的以外,都在该国领域内适用。一国领域,包括领陆、领水以及领空,也包括拟制意义上的"领土"。例如,根据规定,在我国船舶或者航空器内犯罪的,适用《刑法》。也就是说,不管我国船舶或者航空器停泊在国内还是国外,都属于我国领土,属于《刑法》管辖。

需要特别指出的是,根据国际法的规定,享有外交特权和豁免权的外国人的刑事责任,通过外交途径解决。所以,这些特定人员如果在我国领域内实施犯罪,应当通过外交途径处理,比如将其宣布为不受欢迎的人,令其限期出境或者将其驱逐出境,建议派遣国依法处理。另外,有些犯罪即便发生在国外,《刑法》也可以管辖。这是因为《刑法》规定,只要犯罪的行为或者结果有一项发生在我国领域内,就认为是在我国领域内犯罪,因而可以管辖。

属人管辖权,即刑法对什么人有效。一般而言,一国刑法对本国范围内的所有人都具有效力。根据《刑法》,这里的"人"包括自然人和单位,前者被称为自然人犯罪,后者则被称为单位犯罪。

自然人犯罪可根据年龄的不同划分为不同的情形。《刑法》规定的标准责任年龄是 16 周岁,即年满 16 周岁的人对所有犯罪均需承担刑事责任。在特定的情形下,

已满 14 周岁不满 16 周岁的人以及已满 12 周岁不满 14 周岁的人,也可以承担刑事责任。不满 12 周岁的人则不能承担刑事责任。当然,因不满 16 周岁不予刑事处罚的,责令其父母或者其他监护人加以管教,在必要的时候,还可以依法进行专门矫治教育。另外,对于年满75 周岁的人犯罪的,《刑法》有从宽处罚的规定,这是"矜老恤幼"精神在刑法上的体现。影响自然人承担刑事责任的另一个重要因素是精神障碍。如果属于完全性精神病人,则不承担刑事责任。间歇性或者非完全性精神病人在精神正常的时候实施犯罪,应承担刑事责任。要特别指出的是,醉酒后实施犯罪行为应当负刑事责任。

《刑法》规定的单位犯罪主体,包括公司、企业、事业单位、机关和团体等,是一个较为宽泛的概念。对于单位犯罪的处罚,一般对单位判处罚金,并对直接负责的主管人员和其他直接责任人员判处刑罚。例如,某国有公司在经济往来中,在账外暗中收受各种名义的回扣、手续费,则可以构成单位受贿罪。根据《刑法》第三百八十七条关于单位受贿罪的规定,对单位判处罚金,并对其直接负责的主管人员和其他直接责任人员,处五年以下有期徒刑或者拘役。

有疑问的是,"百名红通人员"跑到了国外,试图逃避我国的刑事责任追究,《刑法》能否管辖该类在国外的人员？回答是肯定的。因为该类人员的犯罪行为发生在我国领域内,因此该类人员属于我国管辖。不过因为这些人员身在国外,需要运用海外追逃追赃机制,借助我国与该类人员所在国的刑事司法协助规定或者相关协议,将其引渡回国接受审判和追究刑事责任。

刑法的时间效力主要涉及两个问题:其一是生效、失效时间;其二是是否具有溯及力。关于刑法的生效、失效时间,一般都有明确规定,因而不存在太大的争议。例如,《刑法》第四百五十二条规定:"本法自 1997 年 10 月 1 日起施行。"新法的施行自然意味着旧法的失效。至于刑法的溯及力,主要是指新的刑事法律生效之后,对该法生效以前未经审判或者判决的行为是否适用的问题。如果可以适用,就具有溯及力;如果不能适用,就不具有溯及力。一般而言,基于罪刑法定原则,"今天的法律不能管昨天的事",因此刑法一般不具有溯及力,其只能针对颁布之后的行为具有效力。例如,于 2021 年 3 月 1 日起施行的《中华人民共和国刑法修正案(十一)》增设了妨害安全驾驶罪。在此之前,如果有人使用暴力或者抢控驾驶操纵装置,干扰公共交通工具正常行驶,危及公共安全的,就不能定为该罪。虽然一般情形下刑法没有溯及力,

但在特别情形下,新法也可以对之前的行为适用,这便是"从旧兼从轻"原则。也就是说,对于新法生效之前的未经处理的行为,如果新法未认定为犯罪或者处刑较轻的,可以适用新法。这实质上是基于对被告人有利的原则,在一定程度上承认了刑法的溯及力。总而言之,关于刑法的溯及力问题,不具有溯及力是原则,具有溯及力是例外。

法律发展的重点领域

在当代以及其他任何的时代,法律的发展重心既不在立法,也不在法学或者司法判决,而在于社会本身。

——欧根·埃利希

宪法、民商法、行政法和刑法调整的是社会生活中最为核心的社会关系。随着社会的持续发展,经济调控、社会保障、环境保护等事项愈加重要,相关的法律也日益增多,它们逐渐形成了自己独特的法律原则;因此经济法、社会法和环境法分别从民商法或者行政法部门中分离出来,成为独立的法律部门。经济法调控市场经济,社会法保护弱者权益,环境法保障人与自然和谐共生:它们在各自所调整的社会关系上都发挥着重要的作用。

▶▶ 经济法：调控市场经济的法律

➡➡ 经济法的产生：对市场失灵的矫正

你在超市看到琳琅满目的商品时，是否会产生疑问，不同商品的价格是如何产生的？不同种类的商品为何会在市场上自由流通？生产、运输和销售环节为何会相互协作？消费者的需求是如何反馈到生产者和销售者那里的？在这些现象的背后，有一双"无形的手"在操控，这就是市场。依靠市场这双"无形的手"，整个社会的资源得以迅速流通、高效配置和充分利用。为了更好地发挥市场的作用，各个国家也普遍建立起市场经济体制，以促进本国经济的快速发展。我国于 1992 年做出建立社会主义市场经济体制的重大决策。这些年来，我国经济的持续快速发展背后离不开市场的推动作用。

不过，市场并不是万能的，有时候也会失灵。例如，一些经营者为了追求利润，生产假冒伪劣产品，侵害消费者的利益；一些经营者为了降低生产成本，忽视环境保护；出现高利润的行业和领域，大量经营者争相涌入，从而产生资源的重复投入和浪费，甚至还可能酿成经济危机。2008 年，美国发生金融危机，进而波及全球。部分经营者为了高额利润滥用金融衍生品是引发危机的重要原因。因而，需要由国家对市场行为进行充分规制，从而保障消费者权益，稳定市场秩序；同时，还需要对市场经济进行宏观调控，防范各种风险，实现经济健康可持续发展。法律是国家干预、监管和调控市场经济的重要手段。我国高度重视并积极利用法律来调控市场经济。例如，2014年10月通过的《中共中央关于全面推进依法治国若干重大问题的决定》中指出"社会主义市场经济本质上是法治经济"，提出要"依法加强和改善宏观调控、市场监管，反对垄断，促进合理竞争，维护公平竞争的市场秩序"。

经济法是国家对市场经济进行干预、监管和调控的法律部门。其中，对市场经济的宏观调控和对市场行为的法律规制是经济法发挥作用的两个重要领域。这两个重要领域又有着各种具体的法律法规，如《中华人民共和国反不正当竞争法》《中华人民共和国消费者权益保护法》《中华人民共和国个人所得税法》《中华人民共和国人民币管理条例》等。

➡➡ 有形的手：对市场经济的宏观调控

如果将市场称为"无形的手"，那么政府对市场经济

的宏观调控则可以被称为"有形的手"。宏观调控是国家从经济发展全局出发，运用各种宏观经济手段，对国民经济总体供求关系进行的调节和控制。在对市场经济进行宏观调控的过程中，国家会制定相关法律法规，这些法律法规主要涉及产业政策、计划、投资、税收、金融、价格等方面。这些法律法规也是经济法的重要组成部分。根据所涉及的不同领域，相关法律法规主要有以下几种：

产业调整法。该法是关于促进产业结构合理化，规定各产业部门在社会经济发展中的地位和作用，规范产业调节关系，确定国家实施产业调节的基本措施和手段的法律规范。我国目前还没有制定有关产业调整的基本法，现行立法主要是针对特定产业的法律法规，如 2004 年制定的《中华人民共和国农业机械化促进法》、2008 年制定的《中华人民共和国循环经济促进法》、2016 年制定的《中华人民共和国电影产业促进法》、2018 年制定的《中华人民共和国电子商务法》等；另外，还有相关规范性文件，如国务院 2007 年发布的《西部大开发"十一五"规划》，2009 年发布的《促进中部地区崛起规划》，2014 年发布的《关于加快应急产业发展的意见》，以及 2020 年发布的《新时期促进集成电路产业和软件产业高质量发展的若干政策》等。这些法律文件在促进相关产业领域快速发

82

展、完善产业布局，协调区域发展等方面发挥出十分重要的作用。

计划法。国家通过制定经济、社会发展战略，编制和组织实施中长期计划方案来诱导经济运行，调控经济发展。哪些部门负责制定和实施计划，不同部门的职权是什么，以及计划的编制、审批、执行、监督、检查、调整和修改等，这些都需要由法律做出明确规定。这也构成了计划法的主要内容。我国目前还没有制定有关计划的基本法，现行立法主要是一些政策性的法规或者规范性文件。其中，我们熟知的是中华人民共和国国民经济和社会发展五年规划。该规划由国务院起草，全国人民代表大会审议和表决，内容主要涉及一段时期我国经济发展的主要目标、重点任务和重大举措。

投资法。投资是经济发展的重要推动力。要更好地发挥投资对经济发展的推动作用，就需要由法律来规范投资行为，保障投资活动的顺利进行。投资法主要涉及投资主体的权利和义务，不同投资主体的投资范围，投资资金的管理以及投资流程等内容。我国目前还没有制定专门的投资法，相关规定散见于其他法律法规和规范性文件中，如国务院 2004 年发布的《国务院关于投资体制改革的决定》（国发〔2004〕20 号）、2019 年发布的《国务院

关于加强固定资产投资项目资本金管理的通知》（国发〔2019〕26 号）、国家发改委 2016 年发布的《固定资产投资项目节能审查办法》（国家发展和改革委员会令第 6 号）等，这些规范性文件对不同投资主体的地位，对投资行为的监管、调控和审查等都做出了明确说明。

财政法。国家的存在和政府的运作离不开一定的物质基础。财政即国家获取社会产品和收入的活动。国家的财政活动也需要法律来规范和调整。国家的财政活动具体包括预算决算、税收、国债，政府采购等，财政法相应也可以分为预算法、税收法、国债法、政府采购法、补助支出法等。在日常生活中，与人们关系较为密切的是税收法。我国现行相关立法有《中华人民共和国个人所得税法》《中华人民共和国企业所得税法》《中华人民共和国资源税法》《中华人民共和国契税法》等，这些法律对于纳税主体、征税客体、税率、税种、税目、减税免税、纳税期限、违法处理、税收征收等事项都做出了明确规定。依法纳税是每一位公民的义务，逃税漏税会面临法律处罚。2021 年 12 月，税务部门发布通告，某网络主播在 2019 到 2020 年期间，通过隐匿个人收入、虚构业务转换收入性质等方式偷逃税款 6.43 亿元，其他少缴税款 0.6 亿元，依法对其做出行政处罚，追缴税款、加收滞纳金并处罚款共计 13.41 亿元。

84

金融法。金融是指货币流通和银行信用方面的经济活动,包括货币的发行、流通和回笼,存款的吸收和支付,贷款的发放和回收,金银和外汇买卖,有价证券的发行和交易,等等。金融法主要是调整金融活动的法律规范。根据所调整对象的差别,金融法可以分为银行法、货币法、金融监督法等。我国现行相关立法主要有《中华人民共和国中国人民银行法》《中华人民共和国商业银行法》《中华人民共和国人民币管理条例》等。其中,《中华人民共和国中国人民银行法》规定了人民银行的职能,人民银行与其他国家机关之间的关系,以及人民银行的货币政策、人民币发行、金融监督管理职责等内容。《中华人民共和国商业银行法》规定了商业银行的设立、变更、接管和终止,以及商业银行的组织机构、监管管理等。《中华人民共和国人民币管理条例》对人民币的设计、印制、发行、回收、流通和保护等做出规定。

价格法。价格是商品的价值。价格虽然主要由市场上的供求关系决定,但是政府有权对经营者的价格活动进行指导、监督和检查,政府履行相关职责的依据便是价格法。我国现行相关立法主要是 1997 年制定的《中华人民共和国价格法》,该法主要对价格主管部门的职责,市场调节价、政府指导价、政府定价等几种价格形式,价格

总水平的调控以及价格监督管理等做出规定。价格法的实施有利于规范经营主体的定价活动，稳定市场价格总水平，切实保护消费者和经营者的利益。价格是市场配置资源的主要手段，价格法的实施也有利于更好地发挥价格在市场中的作用。

国有资产管理法。该法是调整国有资产的形成、运营及处分等活动的法律规范。我国现行相关立法主要有2008年制定的《中华人民共和国企业国有资产法》和2015年《国务院关于改革和完善国有资产管理体制的若干意见》（国发〔2015〕63号）。国有资产管理法主要就国有资产管理和经营体制、国家出资企业的基本权利、国家出资企业管理者的选择与考核、重大事项中的国有资产监管、国有资产的日常监督等做出规定。

➡➡ 维护公平和秩序：对市场行为的法律规制

良好的市场秩序是经济健康可持续发展的重要条件，部分经营者的一些不良行为会破坏市场秩序，损害消费者的利益，甚至还会降低经济效率。因此，需要对影响市场秩序的行为进行法律规制，以塑造良好的市场秩序，实现经济的健康可持续发展。影响市场秩序的常见行为主要有垄断、不正当竞争、生产和销售假冒伪劣产品等，针对这些行为的法律主要有反垄断法、反不正当竞争法、消费者权益保护法和产品质量法等。

反垄断法。该法主要针对市场垄断行为。垄断行为的常见表现有企业之间订立垄断协议共谋限制竞争，如固定价格、划分市场、联合定价等；企业滥用自身市场支配地位进行不公平交易和竞争，如差别对待、附加不合理交易条件等；不同经营者相互合并以形成市场支配地位；等等。垄断行为会妨碍市场竞争，损害消费者、企业和国家的利益，还会降低经济效率。国家为了维护市场公平竞争，提高经济效率，需要对垄断行为进行规制。法律是国家规制垄断行为的重要手段。世界上最早的反垄断立法是美国于 1890 年通过的《谢尔曼法》。《中华人民共和国反垄断法》于 2008 年施行，该法对"经营者达成垄断协议""经营者滥用市场支配地位""具有或者可能具有排除、限制竞争效果的经营者集中"三种垄断行为进行了界定，并对针对涉嫌垄断行为的调查和相关法律责任做出了规定。反垄断法离我们的日常生活并不遥远。2021 年，多家大型互联网企业因垄断行为，被国家市场监督管理部门处以巨额罚款。其中，某互联网企业因滥用市场支配地位，对平台内商家提出"二选一"要求，被处以其 2019 年中国境内销售额 4 557.12 亿元 4% 的罚款，计 182.28 亿元。

2021 年 11 月 18 日，国家反垄断局正式成立，这标志着我国反垄断执法体制的进一步完善，反垄断执法力度得到进一步加强。这对于维护市场秩序，保障公民、企业和国家的利益具有十分重要的意义。

反不正当竞争法。该法主要规制市场上经营者的不正当竞争行为。不正当竞争是指经营者为了争夺市场竞争优势地位，违反法律和公认的商业道德，采用欺诈、混淆等手段扰乱正常的市场秩序，损害其他经营者和消费者的合法利益的经济行为。不正当竞争行为较为常见的表现有对他人的商标直接或者近似仿冒，发布内容严重失实、引诱和欺骗性的广告宣传，侵犯他人商业秘密，不正当有奖销售，商业贿赂，等等。我们日常生活中见到的利用相似字的方法，如"康帅傅""七个核桃""粤利粤""娃恰恰"等仿冒其他品牌的现象，即属于不正当竞争行为。《中华人民共和国反不正当竞争法》于 1993 年颁布施行，该法对什么是不正当竞争行为以及如何处罚等做出规定，有力地打击了危害市场秩序的不正当竞争行为。

消费者权益保护法。相比于经营者，消费者在市场交易中处于弱势地位。例如，消费者对于商品和市场的了解不如经营者，经营者可以利用这种信息的不对称性来谋取利益。消费者的力量也比较弱小，面对实力更为强大的经营者,他们很难有效地保护自身的利益。因此,为了实现公平,需要给予消费者更多的特殊保护。这体现在法律层面,即赋予消费者更多的权利,要求经营者承担更多的义务。1993年制定的《中华人民共和国消费者权益保护法》对消费者的权利和经营者的义务,国家对消费者合法权益的保护,消费者组织以及消费者与经营者产生争议的解决等做出规定。《中华人民共和国消费者权益保护法》规定,消费者在购买和使用商品及接受服务的过程中,有获得真实情况,获得质量保障、价格合理、计量正确等公平交易条件的权利;有根据自己意愿自主选择商品或者服务的权利;在人身和财产受到损害后享有依法获得赔偿的权利;等等。经营者需要履行法律义务、恪守公德、诚信经营,接受消费者的监督,向消费者提供产品和服务的信息,并保证商品和服务的安全,尊重消费者人格,合法收集、利用消费者个人信息等。近年来,手机应用程序(App)违法违规收集个人信息的现象引发社会广泛关注。针对此类现象,国家相关部门于2019年制定《App违法违规收集使用个人信息行为认定方法》,并依法查处一批违法行为。例如,2021年7月4日,国家互联网络信息办公室发布公告,某款App存在严重违法违规收集使用个人信息问题,通知应用商店下架该款App,

并要求其严格按照法律要求,参照国家有关标准,认真整改存在的问题,切实保障广大用户个人信息安全。

产品质量法。该法主要规制生产和销售假冒伪劣产品的行为。此类行为会损害消费者利益,影响市场秩序。要规范此类行为,不仅需要设立相应的法律责任,还需要建立完善的产品质量监督管理制度。产品质量监督管理制度主要包括产品质量监督制度、产品责任制度和产品召回制度等。其中,产品质量监督制度包括企业质量体系认证制度、产品质量认证制度、产品质量检验制度和产品质量监督检查制度等;产品责任制度涉及产品责任归责原则、生产者和销售者的产品质量义务和责任等;产品召回制度包括缺陷产品的认定、经营者和消费者的权利和义务、召回程序、政府的监管权责等。我国现行相关立法主要是1993年颁布施行的《中华人民共和国产品质量法》,该法对产品质量的监督、生产者与销售者的产品质量责任和义务以及损害赔偿等做出规定。

➡➡ 管辖延伸:经济全球化的涉外法治

经济全球化是当前国际经济发展的大趋势。在经济全球化的背景下,跨国经济活动日趋频繁,商品、服务、资本和技术在各国之间充分流通。中国也积极主动融入经济全球化的大潮中。2001年,中国正式成为世界贸易组织成员。近年来,伴随中国经济的迅速发展,中国走向世界经济舞台的中央,从世界经济的参与者转变为重要推动者。2013年,中国适时提出"一带一路"倡议,积极发展与沿线国家的伙伴关系。

经济全球化既给我国经济发展带来了机遇,同时也潜藏着风险和挑战。尤其近年来,贸易保护主义和单边主义逐渐抬头,大国之间的地缘竞争加剧,这导致国际经济发展的不确定性和不稳定性风险增加。部分国家采取"长臂管辖"方式,适用国内法来规制域外市场行为,利用贸易制裁来打压竞争者。这使得我国企业、法人在"走出去"过程中受到更多的阻碍和挑战,同时,我国国家和公民的海外利益也频繁受到侵害。此外,在经济全球化背景下,维护国家安全、经济安全和网络安全也逐渐成为一个十分紧要的问题。

加强涉外法治建设是应对挑战、防范风险的重要举措。近年来,我国加强涉外领域立法,着力打造市场化、法治化、国际化的营商环境。相关法律法规包括《中华人民共和国数据安全法》《中华人民共和国对外贸易法》《中华人民共和国外商投资法》《不可靠实体清单规定》《阻断外国法律与措施不当域外适用办法》,依靠这些法律法

规,我国逐步建立健全外商投资国家安全审查、反垄断审查、国家技术安全清单管理、不可靠实体清单制度,提高了我国应对境外安全风险的能力和反制能力。2021年6月,全国人民代表大会常务委员会通过了《中华人民共和国反外国制裁法》,该法规定针对外国国家制裁,我国有权反制,包括将相关组织、个人列入反制清单,由国务院有关部门根据实际情况决定采取反制措施,以充分维护国家主权、安全、发展利益,保护我国公民、组织的合法权益。上述法律法规得到了切实执行,相关执法活动也多次见诸网络。例如,2021年7月2日,依据《中华人民共和国国家安全法》《中华人民共和国网络安全法》,网络安全审查办公室按照《网络安全审查办法》对某款App实施网络安全审查,审查期间该款App停止新用户注册。又如,2021年8月2日,国家市场监督管理监管总局依据《中华人民共和国反垄断法》对某集团旗下公司收购某中国企业进行立案审查。

为应对经济全球化的风险和挑战,还需要延伸法律的管辖范围。传统法律管辖以属地管辖为原则,即一国法律仅在本国领土范围内有效。严格和僵化的属地管理难以充分规制跨国经济活动,也难以充分保障我国国家、企业和公民的海外利益。因此需要基于维护市场秩序的需要延伸管辖范围,对域外市场行为进行充分的法律规制。实现域外规制需要不同国家进行充分沟通和协调,由此形成共识,以构建互认、互信、互惠的域外规制。

▶▶ 社会法:保护弱者权益的法律

➡➡ 社会法的起源:通过法律保卫社会

社会法是我国的重要法律部门之一,其主旨在于保护公民的社会权利,尤其是保护弱者权益,以维护和促进社会的公平正义。平等是法治的重要追求,但要在社会中实现真正、全面的人人平等,是一件非常不容易的事情。在现实中,人与人之间天然存在着许多不平等因素。因智力、体魄、性别、家庭条件、教育及所处地区等原因的影响,部分人群在社会中处于弱势地位,无法正常地参与社会生活。试想,一位盲人会在日常生活中面临许多障碍。他可能无法正常地接受教育,难以实现自我发展;无法正常就业,很难获得稳定的收入来源;也无法正常参加文体娱乐活动,精神文化匮乏;甚至可能无法在街道上正常行走,在搭乘各种交通工具时遭遇诸多困难。此时,如果这位盲人未能得到扶持和帮助,那么他的生活便很容易陷入困境,更不用说分享社会的物质文化发展成果了。

上述举例说明，由于社会群体天生具有强弱之分，国家需要矫正这种不平等的局面，否则社会中强者愈强、弱者愈弱的局面会不断加剧，导致严重的社会问题和社会危机。在此情况下，通过法律保护公民的社会权利，尤其是保护弱者，便成为现代法治国家矫正社会失衡、推动社会平等的重要手段，社会法就是在这种理念下产生的。在这个意义上，社会法可视为人民的社会权利之法、国家的民生保障之法和社会公正之法。

历史上，社会法发源于欧洲，并在诸多发达国家的推动下走向成熟。早在 19 世纪初，欧洲就出现了工厂劳动者保护法和工厂法。其中，1802 年英国颁布的《学徒健康和道德法》被认为是现代劳动立法的开端；1883 年德国制定的《医疗保险法》则是现代社会保障立法的开端。欧洲大陆兴起的劳动立法和社会保障立法是资本主义世界从野蛮的阶级剥削逐步转向一定的社会平等追求的重要标志，当然，这在本质上仍然是欧洲工人阶级不断斗争的结果。进入 20 世纪后，社会法在许多发达国家得到了进一步发展。日本于 20 世纪 20 至 40 年代期间开始制定《国民健康保险法》《工人养老保险法》等法规，并在第二次世界大战后全面建成了社会法体系。美国虽然是判例法传统国家，但在社会法领域也开展了大量立法工作。在

20世纪30年代的美国经济大萧条时期,美国国会颁布了《社会保障法》《国家劳动关系法》《公平劳动标准法》《职业安全与健康法》等一系列劳动和社会保障法规,建构起了较为完善的社会法体系。

我国的社会法建设始于中华人民共和国成立初期。1950年制定的《中华人民共和国工会法》和1951年制定的《中华人民共和国劳动保险条例》是中国社会立法的开端。改革开放以后,我国社会立法迅速发展。20世纪90年代以来,我国制定了《中华人民共和国劳动法》《中华人民共和国残疾人保障法》《中华人民共和国妇女权益保障法》《中华人民共和国老年人权益保障法》《中华人民共和国未成年人保护法》《中华人民共和国收养法》《中华人民共和国劳动合同法》《中华人民共和国就业促进法》《中华人民共和国社会保险法》《中华人民共和国军人保险法》《中华人民共和国退役军人保障法》等众多法规。2001年3月,全国人民代表大会常务委员会正式将社会法明确为中国特色社会主义法律体系的七大部门之一。社会法在保障公民权利、维护社会公平、促进社会和谐等方面持续发挥着重要作用。

从中外社会法的发展历程可以看出,社会法是在工业生产和市场经济对社会关系和社会秩序不断冲击的背

景下产生的,它是现代国家试图通过法律化解劳资矛盾、促进民生建设和开展社会治理的产物。19世纪以来,工业生产的发展在不断提高人们物质生活水平的同时,也带来了许多新的社会问题,劳资矛盾不断"撕裂"着社会。社会救助、社会保险和社会福利成为国家必须要提供的基本公共服务。从西方发达国家的实践可以看出,社会法是问题导向的法律部门,它致力于追求社会稳定,侧重于保障社会公平与和谐,它的主要功能有:化解贫困,解决民众的基本生存问题;抵御风险,提升民众对生产生活变故的应对能力;推动公平,实现社会财富的再分配;弥补成本,强化弱势群体的生活保障。

历史表明,社会法的发展是一个循序渐进、不断完善的过程,它的出现与西方国家的经济状况、政治体制、文化现状和法律传统密切相关,其内容和理念也必然会根据社会的发展需要而不断调整。当然,在总体上,社会法在其发展过程中保持着扩张的趋势。早期的社会法主要限于劳资冲突化解和扶贫济困,而随着工业化、市场化发展所带来的现代性问题日益加深,社会法逐渐拓展到劳动关系治理领域,并承担起养老、就业、医疗、教育、卫生等社会建设领域的公共品供给任务,成为覆盖全体民众公共服务和社会治理的法律保障事业。

在中国,社会法是最能体现社会主义色彩的法律部门。我国立足国家治理现代化开展社会法建设,在尊重既有法律体系和立法成果的同时,面向新时代的国家和社会发展需要稳步推进立法工作。目前,我国社会法部门已有 30 多部法律,还有大批调整劳动关系和社会保障的行政法规,形成了结构完整、门类齐全的社会法体系。总体上,我国的社会法体系主要包括三大模块:第一模块为特殊群体权益保障法;第二模块为劳动和社会保障法,具体又可细分为劳动法和社会保障法两个部分;第三模块为社会组织和公益事业法。需要强调的是,上述三个模块并非完全泾渭分明,在特定的调整对象和调整目标中,三者存在一定的交叉。

➡➡ 特殊群体权益保障

特殊群体,尤其是弱势群体的权益保障是社会法的主要目标之一。社会上总会存在着一些相对弱势的人群:比如残疾人,他们因为身体机能的缺陷,在许多生产生活场景中面临困难;比如老年人,他们因为年老力衰,逐渐失去劳动能力和生活自理能力;又比如妇女,她们可能会在某些就业领域受到限制。现实中,残疾人、老年人、妇女、未成年人等,都是较为典型的弱势群体,这些群

体是社会法的重点保障和促进对象。通过贯彻相关法律的具体要求，一些因为先天原因而无法正常参加生产生活的人群，就可以更好地融入社会，实现自身的发展，甚至能够在社会中充分发挥自我的作用和价值。

例如，《中华人民共和国残疾人保障法》从康复、教育、就业、文化生活、社会保障、无障碍环境等方面规范了对残疾人群体的权益保障工作。在法律的保障下，前文例子中的盲人便可以在政府和社会力量兴办的康复机构中获得医疗服务，进行康复训练；可以在政府设置的特殊教育机构中正常接受教育，并在政府的相关补助和资助的支持下，不断积累知识和技能；可以享受政府提供的就业帮扶政策，在政府的帮助下找到适合的工作，或者自主创业；还可以在政府的组织和支持下开展文化、体育和娱乐活动，丰富自己的精神文化生活；此外，政府还会新建、改建和扩建各类建筑物、道路和交通设施，使其出行更加便利。

除了以上提到的弱势群体之外，社会中还存在一些特殊的群体，也需要法律予以特别关照。这些群体严格来说并不处于弱势地位，但他们身份特殊，或为全社会承担着特别的义务，或承载着公共利益和社会情感，理应依法享有一定的特殊待遇。退役军人便是较为典型的特殊群体。现实中,无论是战争时期面对枪林弹雨,还是和平时期抗洪抢险、抗震救灾,每当国家和公众的生命及财产安全受到威胁时,军人总是挺身而出。军人在服役时为国防事业做出了远超于常人的贡献,他们为了坚守职责还做出了许多牺牲。因此,当他们退役回归社会之后,国家和社会应当予以优待,这样才能激励更多人参军入伍,国家的国防事业才会欣欣向荣。2020年11月,我国颁布了《中华人民共和国退役军人保障法》,该法全面明确了退役军人在教育、抚恤、转业安置、就业创业等方面的保障性权利,对于我国的国防建设和国家安全无疑具有非常积极的意义。

➡➡ 劳动和社会保障

调整劳动关系和社会保障关系也是社会法的重要目标之一。劳动法和社会保障法,是社会法的重要组成部分。

劳动法是指调整劳动关系,以及与劳动关系密切相关的其他社会关系的法律,它主要包括劳动就业法(就业促进法、就业服务法、职业培训法等)、劳动关系法(劳动合同法、职工民主管理法、劳动争议处理法等)、劳动基准法(工作时间法、休息休假法、工资法、劳动保护法、劳动监察法等)三个主要部分。劳动法是历史最为久远的社

会法，它诞生于 19 世纪初，是欧洲工业化生产日益深化背景下工人运动蓬勃发展的产物。目前，我国已建立起以《中华人民共和国劳动法》为核心，以其他相关单行法及各层次行政法规、部门规章、地方性法规为组成内容的劳动法体系，对劳动关系的全过程和各方面都进行了完整而细致的规定。

22 岁的韩梅梅大学毕业后顺利找到了一份满意的工作，入职一家知名的互联网公司。按照法律规定，韩梅梅所就职的公司必须与其签订书面形式的劳动合同，否则将承担一定的法律责任。在韩梅梅入职时，公司可以与她约定一定时长的试用期，但最长不得超过六个月。就职期间，韩梅梅在劳动报酬、工作时间、休息休假和保险福利等方面的合法权益，都会受到法律法规的保障。而且，由于韩梅梅是女性，她还能享受到《中华人民共和国劳动法》对女职工的特殊劳动保护。例如，在她的生理期期间，公司不得安排她从事高处、低温、冷水作业和国家规定的第三级体力劳动强度的劳动；在她怀孕期间，公司不得安排她在空气中含铅及其化合物、汞及其化合物、苯、甲醛等有毒物质浓度超标的场所中工作；如果她怀孕七个月以上，公司还不得安排其延长工作时间和夜班劳动；在生产后，她还能享受不少于90天的带薪产假。

从上述例子可以看出，由于劳动关系双方在客观上存在不平等情况，用人单位一般处于较为强势的地位，因此劳动法往往更加强调对劳动者的保护。如就业促进、反就业歧视、休息休假保障、工资保障、劳动安全卫生、职业培训等，都是劳动法对劳动者实施倾斜保护的重要领域。

社会保障法是指调整社会保障关系及其相关社会关系的法律，它主要包括社会保险法（养老保险法、医疗与生育保险法、工伤保险法、失业保险法、护理保险法等）、社会救助法（生活救助法、医疗救助法、教育救助法、住房救助法、就业救助法、灾害救助法等）、社会福利法（生活福利法、教育福利法、住房福利法、卫生福利法等）、社会优抚法（烈士褒扬法、军人优抚法、警察优抚法、消防救援人员优抚法等）四个主要部分。19世纪80年代，德国先后制定了《医疗保险法》《工伤保险法》《养老保险法》等法律，开创了现代社会保障立法的先河。值得一提的是，社会保障法体系具有一定的开放性，在社会经济发展的推动下，随着社会保障体系不断完善，法律的社会保障范围和程度也在不断扩展。2017年，党的十九大报告提出要"按照兜底线、织密网、建机制的要求，全面建成覆盖全民、城乡统筹、权责清晰、保障适度、可持续的多层次社会

保障体系",“在幼有所育、学有所教、劳有所得、病有所医、老有所养、住有所居、弱有所扶上不断取得新进展”。可以预见，随着我国民生保障的持续推进，社会保障法的内容和体系也将不断发展和完善。

需要强调的是，在社会法体系中，劳动法和社会保障法相对独立，但又存在一定的交叉和合作。在现代社会法体系中，社会保障法一般以社会保险法为核心，而社会保险法的建立，正是始于以劳动关系为基础的劳动保险制度。尽管社会保险法的后续发展大大突破了劳动关系的界限，但其以劳动关系调整为重心的基本格局仍然保持至今。如图3所示，在总体上，社会保险制度是劳动法和社会保障法的交叉领域。作为劳动法的社会保险制度，其调整范围以劳动关系为限，主要强调用人单位对社会保险基金的筹集责任；作为社会保障法的社会保险制度，其覆盖范围则不以劳动关系为限，民事雇佣中的受雇

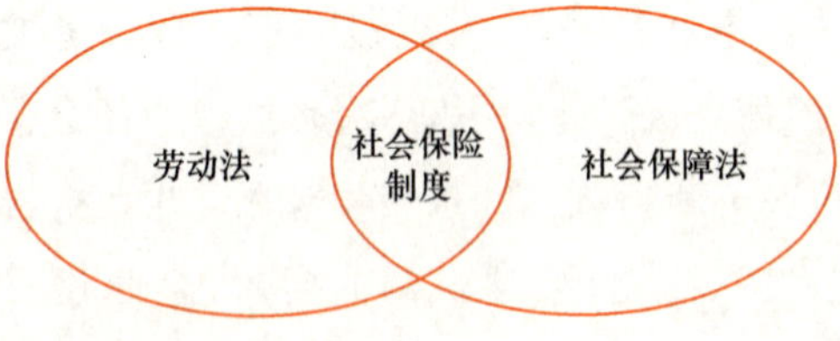

图 3　劳动法和社会保障法的交叉领域——社会保险制度

劳动者、自营劳动者乃至全体公民，都可以参保并享受社会保险权益。

➡➡ 社会组织和公益事业保障

规范社会事业及其相关社会组织的法律也是社会法体系的重要内容。社会事业是指为了社会公益目的，由政府或者其他社会组织开展的社会服务和社会建设活动。在现实中，政府开展的社会事业是社会保障的主要实现方式，各类社会组织开展的社会事业则是社会保障待遇的重要补充。社会事业法则是调整社会保障关系和社会保障待遇供给机制的法律。医疗保障法中的医疗服务、养老保障法和老年人权益保障法中的养老服务、志愿服务法中的志愿服务等，都是社会事业法的主要调整对象。因此，社会事业法的内容十分广泛，主要包括医疗卫生事业法、教育法、公益事业捐赠法、志愿服务法、殡葬法、慈善法等。

社会组织是指自然人、法人或者其他组织为了公益目的而成立，依法进行登记管理，按照其章程开展活动和提供社会服务的非营利性组织。在我国，社会组织主要包括社会团体、基金会和社会服务机构三大类。在现实中，社会组织是特殊群体权益保障法、劳动法和社会保障

103

法中具体服务的重要供给主体。比如集体劳动关系中的工会是代表劳动者和用人单位进行协商的主体；又如开展慈善活动的基金会和社会服务机构是慈善事业及其服务的提供主体。社会组织法则是规范各类社会组织的设立和行为的相关法律制度，具体有工会法、红十字会法、境外非政府组织境内活动管理法、社会团体登记管理条例等。

社会事业法和社会组织法是随着民生保障和社会建设发展而产生的社会法新领域。如果将特殊群体权益保障法、劳动法和社会保障法视为社会立法的主体板块，那么社会事业法和社会组织法便是为主体板块提供支持和配套的板块，后者对于规范社会保障和社会建设的供给机制起到了非常重要的作用。例如，《中华人民共和国慈善法》第三条界定的"慈善活动"包含了扶贫、济困；扶老、救孤、恤病、助残、优抚等活动，这些活动所提供的服务为弱势群体的权益保障提供了有效支持。许多实践也证明，《中华人民共和国慈善法》对社会救助法、社会福利法和特殊群体权益保障法起到了重要的补充作用。我国社会法体系结构如图 4 所示。

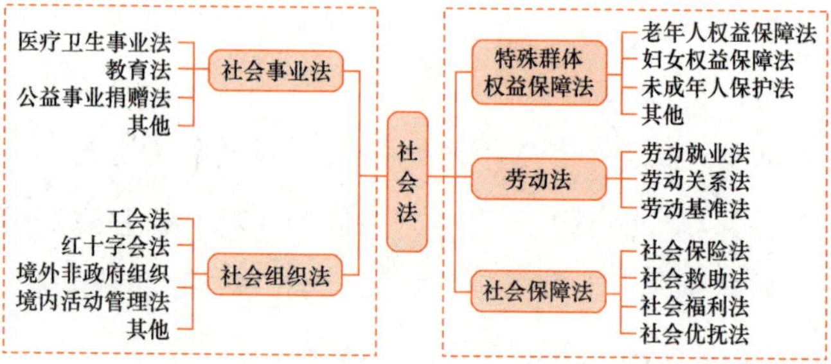

医疗卫生事业法
教育法 — 社会事业法
公益事业捐赠法
其他

特殊群体权益保障法 — 老年人权益保障法 / 妇女权益保障法 / 未成年人保护法 / 其他

社会法

劳动法 — 劳动就业法 / 劳动关系法 / 劳动基准法

工会法
红十字会法
境外非政府组织境内活动管理法 — 社会组织法
其他

社会保障法 — 社会保险法 / 社会救助法 / 社会福利法 / 社会优抚法

图 4　我国社会法体系结构

▶▶ 环境法：保障人与自然和谐共生的法律

➡➡ 环境问题的来源及发展

你是否担心水和食物的安全问题？是否不满交通太拥挤？是否抱怨过全球变暖、大气污染、生物多样性被破坏？是的，我们都有过这样忧虑的时刻，因此我们不能不思考该如何更好地保护我们的家园——地球。

在生产力不发达、刀耕火种的古代社会，人类生活对外部环境的影响有限。那时，虽然人类在植被茂盛、河流清澈的自然环境下劳作，但是人类对自然资源的利用率较低，需要忍受物质的匮乏和生命的短暂，难以抵御自然灾害的侵袭。随着人类社会和经济的发展，特别是第一次工业革命后，生产力迅速提高，人类活动对自然的索取

105

能力越来越强，人类对环境的干预能力也越来越大。人类通过对自然的征服和索取，在获得丰富物质资源的同时，也使环境发生了变化，影响了人类的生存和发展。环境问题越来越严重，出现了大规模的环境污染和生态破坏，具体表现为大气污染、水污染、噪声污染、草原退化、水土流失、物种种群数量锐减或者灭绝等问题。

二十世纪五六十年代以来，许多污染严重的国家开始了对环境污染的治理，并取得了一定的成效。但从世界范围来看，环境污染和生态破坏问题并未得到解决，甚至在不断恶化。厄尔尼诺现象导致的周期性极端天气，引发了区域性粮食危机。印度博帕尔市某农药厂毒气事故致使20多万人不同程度地遭受毒害，其中2 500余人死亡，5万人可能永久失明或者终身残疾。大批食物和水源被污染，大量牲畜和其他动物死亡，生态环境受到严重破坏。二十世纪七八十年代，非洲经历了百年不遇的大饥荒。从非洲北部到南部有34个国家遭受大旱，1.5亿至1.8亿人受到饥饿的威胁。这次大旱被称为"非洲近代史上最大的人类灾难"。

环境问题发展到了刻不容缓的地步。我国也面临着水土流失与沙漠化、水资源严重污染、大气环境污染以及生物多样性被破坏等环境问题。我国高度重视污染防治和生态保护工作，已经形成了包括《中华人民共和国环境保护法》《中华人民共和国大气污染防治法》《中华人民共和国水法》《中华人民共和国森林法》《中华人民共和国草原法》等法律在内的防治污染、保护生态的环境法律体系。《中华人民共和国国民经济和社会发展第十四个五年规划和2035年远景目标纲要》也提出了"推动绿色发展　促进人与自然和谐共生"的要求。

环境保护是一个综合性的问题，涉及多个法律部门，不仅可以适用诸如宪法、行政法、刑法等公法治理环境问题，保护环境；也可以直接适用民法予以私法救济。行为人污染环境或者破坏生态，侵害他人民事权益的，需要承担环境侵权法律责任；环境行政法律关系的主体违反环境行政法律规范或者不履行环境行政法律义务则应当承担环境行政法律责任；如果行为人故意或者过失实施严重危害环境的行为，并造成人身伤亡、公私财产损失或者导致环境的严重污染，已经构成犯罪的，则需要承担刑事法律责任。环境法综合运用各种法律手段对环境资源社会关系进行综合调整，相应的法律责任形式也体现了较强的综合性。

➡➡ 污染防治：打赢蓝天保卫战

为了切实打赢污染防治战役，我国颁布了包括《中华人民共和国大气污染防治法》《中华人民共和国水污染防治法》《中华人民共和国土壤污染防治法》《中华人民共和国海洋环境保护法》《中华人民共和国环境噪声污染防治法》《中华人民共和国固体废物污染环境防治法》《中华人民共和国清洁生产促进法》《中华人民共和国环境影响评价法》《中华人民共和国放射性污染防治法》《畜禽规模养殖污染防治条例》《淮河流域水污染防治暂行条例》等在内的一系列法律法规。

大气是人类及地球上一切生物生存的基本条件之一。大气质量不仅直接影响人体健康，而且直接影响工农业生产以及社会经济的发展。大气中的杂质及其他有害化合物是造成大气污染的根源。比如，高密度人口的经济及社会活动会排放大量细颗粒物（$PM_{2.5}$），一旦细颗粒物（$PM_{2.5}$）的排放超过大气循环能力和承载度，就会出现大范围的雾霾。

《中华人民共和国大气污染防治法》是目前防治大气污染的基础性法律，为"打赢蓝天保卫战"保驾护航。如果你发现居住小区附近的餐馆油烟严重、气味刺鼻难闻，餐饮业主是否应该采取措施防治大气污染？答案是肯定的。该法规定造成居民生活环境严重污染的饮食服务业也属于排污单位，有义务采取防治大气污染的措施，而不是超标准排放污染物时才应当"采取防范举措"。除了关于排污单位防治大气污染的义务外，该法还规定了各级人民政府在防治大气污染中的职责、大气污染防治的监督管理、燃煤和其他能源污染防治、工业污染防治、机动车船等污染防治和重点区域大气污染联合防治等。比如，针对我国汽车使用量急剧增加，机动车辆排放的尾气成为城市重要污染物的现状，该法倡导低碳、环保出行，要求机动车达标排放，还制定了强制报废与提前报废制度。

党中央、国务院高度重视大气污染防治工作。2018年，国务院印发《打赢蓝天保卫战三年行动计划》，提出了打赢蓝天保卫战的时间表和路线图。根据生态环境部2022年4月召开的例行新闻发布会上的消息，在环境空气状况方面，2022年一季度全国地级及以上城市平均优良天数比例为83.8%，同比上升2.9个百分点；$PM_{2.5}$平均浓度为43微克/立方米，同比下降4.4%。党的十九大报告提出"持续实施大气污染防治行动，打赢蓝天保卫战"，体现了我国治理环境污染的坚定决心。

➡➡ 生态保护：建设生态宜居新天地

　　我国已经建立了生态环境保护法律体系，形成了包括生物资源保护、非生物资源保护、生态空间保护在内的法律体系，共同致力于建设生态宜居新天地。其中，生物资源保护立法包括《中华人民共和国野生动物保护法》《中华人民共和国野生植物保护条例》《中华人民共和国森林法》《中华人民共和国草原法》《中华人民共和国渔业法》等；非生物资源保护立法包括《中华人民共和国土地管理法》《中华人民共和国水法》《中华人民共和国水土保持法》《中华人民共和国矿产资源法》等；生态空间保护立法包括《中华人民共和国海岛保护法》《中华人民共和国自然保护区条例》等。物种多样性保护是生态保护的基础。是否可以猎捕美丽优雅的野生大天鹅和小天鹅？如果不是因科学研究、种群调控、疫源疫病监测或者其他特殊情况，且未获得特许猎捕证，那么猎捕行为就可能违反刑事法律，需要承担刑事责任。因为根据《国家重点保护野生动物名录》，大天鹅和小天鹅属于国家二级保护动物，禁止猎捕和杀害。为什么不能随意猎捕大天鹅？为什么要保护一只憨态可掬的大熊猫？为什么要保护生物多样性？

生物多样性不是指生物的种类多,而是指生物及其环境所形成的整体的多样性,主要包括基因多样性、物种多样性和生态系统多样性。生物多样性是生命的基础,是支配所有物种生态互动的生命之网。随着人类活动范围不断加大,人类对生态系统的影响也在加强,物种灭亡的速度在逐渐加快。我国幅员辽阔,陆海兼备,地貌和气候复杂多样,是世界上生物多样性最丰富的国家之一。但不得不引起重视的是,我国的生物多样性也受到了挑战,保护生物多样性、保护生态势在必行。

只有保护多样化的物种,才能加强生态系统的抵抗能力,实现生态保护目标,更好地应对各种危机。保护物种多样性,不代表要盲目引入新物种,新物种的侵入可能会对既有的生态系统造成侵害。长期以来,亚洲鲤鱼一直被认为是对美国五大湖区和该地区产值为 70 亿美元渔业的威胁。开阔水域的宜居性有助于亚洲鲤鱼在五大湖中传播,亚洲鲤鱼的快速繁殖破坏了五大湖区的生态系统和经济。2022 年 1 月,美国陆军工程兵团发布了《2022 年基础设施投资和就业法案》。该法案计划为布兰登路闸和大坝项目投入近 2.26 亿美元,旨在防止入侵鲤鱼进入五大湖。为了防止动植物病虫害的侵入和传播,各国都规定了检疫制度。《中华人民共和国进出境动植物

111

法律发展的重点领域

检疫法》和《中华人民共和国进出境动植物检疫法实施条例》具体规定了动植物检疫的范围、对象、方式等内容。通过防止新物种非法侵入,保护本国已有的生物多样性系统。

➡➡ 环保国际合作:共建地球生命共同体

整个地球有机地构成一个统一的生态系统,任何一个环境受到干扰,都可能导致其他环境的改变。1986 年 11 月,瑞士巴塞尔赞多兹化工仓库发生火灾,库存的大量硫化物、磷化物和汞等 30 多种有毒有害化学物质随灭火废水流入莱茵河,使德国境内莱茵河水体受到严重污染,50 多万条鱼死亡,沿岸城市不得不关闭水厂和啤酒厂。

在生态规律面前,污染的蔓延不受国界限制,生态系统的循环也不受意识形态的制约。当前的国际环境问题主要有以下几个方面:全球气候变暖、臭氧层破坏、酸雨现象严重、生物多样性锐减、土地荒漠化、海洋污染、太空污染等。各国政府、国际社会、各国人民为了保护和改善全球环境,防治国际环境问题,采取了一系列的措施和行为。1972 年,联合国人类环境会议召开,确定 6 月 5 日为"世界环境日",通过了《联合国人类环境宣言》。这次会议的目的在于通过国际合作为从事保护和改善人类环境的政府和国际组织提供帮助,消除环境污染造成的损害。

随后,国际环境合作不断加强,出现了国际环境法,包括条约、协定、宣言和国际习惯等,用于规范国际法主体(主要是国家)在开发、利用、保护和改善环境的国际交往中形成的国际环境社会关系。在国际环境法领域形成了具有普遍指导意义的基本原则,主要包括可持续发展原则、国家环境主权及不损害国外环境责任原则、共同但有区别的责任原则、国际环境合作原则、损害预防及风险预防原则。

中国在改善全球生态方面一直起着不可或缺的作用。我们用半个多世纪的时间,率先在世界范围内实现土地退化"零增长",人工林面积位居全球第一。为应对全球变化,《中华人民共和国国民经济和社会发展第十四个五年规划和 2035 年远景目标纲要》提出了"落实 2030 年应对气候变化国家自主贡献目标,制定 2030 年前碳排放达峰行动方案",以及"锚定努力争取 2060 年前实现碳中和,采取更加有力的政策和措施"。2021 年 10 月 11 日至 15 日,联合国《生物多样性公约》第十五次缔约方大会(COP15)第一阶段会议在云南昆明举行。国家主席习近平发表主旨讲话,指出:国际社会要加强合作,心往一处想、劲往一处使,共建地球生命共同体。会议正式通过了"昆明宣言",呼吁各方采取行动,共建地球生命共同体。

国家权力的依法运行

权力不论大小，只要不受制约和监督，都可能被滥用。要强化制约，合理分解权力，科学配置权力，不同性质的权力由不同部门、单位、个人行使，形成科学的权力结构和运行机制。

——习近平

权力不是橡皮泥，不可以任意揉捏。国家权力必须依照法律规定的权限和程序行使，不能恣意妄为。法律的创制过程就是立法，立法权是最重要的国家权力之一。法律产生之后首先是"纸面上的"，要使"纸面上的法律"变成"行动中的法律"，离不开执法与司法。人们在具体的执法或者司法过程中应感受到公平正义，因而公正执法与司法是人们信仰法律、遵守法律的关键。代表国家行使公权力的人，必须受到监督，这就是监察。"把权力关进制度的笼子里"已经形成普遍共识。

▶▶ 立法：社会主义法律体系的构造

➡➡ 立法权限：哪些主体可以立法？

生活中的方方面面都离不开法律，这些纷繁复杂的法律是从哪里来的呢？这需要从立法开始说起。早期人们依靠习俗和生活习惯来调整社会行为和社会关系，解决冲突和矛盾，纠纷的解决一部分依赖于道德规范，一部分依赖于世世代代流传下来的习惯准则。国家产生后，统治阶级将有利于统治阶级利益和公共秩序的规范确认为法律。这就是立法，也称之为法律制定。国家通过立法缔造了法律体系，表达了社会主流价值观，将法律与其他规范区分开来。

在法治国家，法律制定必须由特定的国家机关进行。由于法律关涉的范围非常广泛，调整的手段也形式多样，如果仅由某一个国家机关来进行立法，则任务过于繁重。因而大多数国家将立法的权力赋予多个国家机关，并对这些立法机关的立法权限进行了划分。

我国享有立法权的机关主要包括最高国家权力机

关、国务院及其各部和各委员会、地方权力机关、地方人民政府和自治地方的权力机关。全国人民代表大会和全国人民代表大会常务委员会行使国家立法权。国务院根据宪法和法律，制定行政法规。国务院各部、委员会、中国人民银行、审计署和具有行政管理职能的直属机构，可以根据法律和国务院的行政法规、决定、命令，在本部门的权限范围内，制定规章。省、自治区、直辖市的人民代表大会及其常务委员会根据本行政区域的具体情况和实际需要，在不同宪法、法律、行政法规相抵触的前提下，可以制定地方性法规；省、自治区、直辖市和设区的市、自治州的人民政府，可以根据法律、行政法规和本省、自治区、直辖市的地方性法规，制定规章。民族自治地方的人民代表大会有权依照当地民族的政治、经济和文化的特点，制定自治条例和单行条例。

另外，《中华人民共和国立法法》规定，经济特区所在地的省、市的人民代表大会及其常务委员会根据全国人民代表大会的授权决定，制定法规，在经济特区范围内实施。2021 年 6 月 10 日，第十三届全国人民代表大会常务委员会第二十九次会议通过《全国人民代表大会常务委员会关于授权上海市人民代表大会及其常务委员会制定浦东新区法规的决定》。根据该授权决定，上海市人民代表大会及其常务委员会根据浦东改革创新实践需要，遵循宪法规定以及法律和行政法规基本原则，制定浦东新区法规，在浦东新区实施。此后，上海市人民代表大会出台了《上海市浦东新区深化"一业一证"改革规定》《上海市浦东新区市场主体退出若干规定》《上海市浦东新区城市管理领域非现场执法规定》《上海市浦东新区建立高水平知识产权保护制度若干规定》《上海市浦东新区完善市场化法治化企业破产制度若干规定》等法规，这些法规在上海市浦东新区适用。

从《中华人民共和国行政处罚法》和《中华人民共和国海关行政处罚实施条例》两部法律的制定中，我们能够更为清楚地看到立法权限划分的意义。《中华人民共和国行政处罚法》属于行政法中的主要法律，其主要调整行政处罚的设定和实施，几乎涵盖了行政关系的各个方面，因而只能由全国人民代表大会制定并由全国人民代表大会常务委员会修订。《中华人民共和国海关行政处罚实施条例》虽然也属于行政法，但是其仅对海关行政处罚实施中的一些具体问题做出规定，因而可以由国务院依据《中华人民共和国行政处罚法》予以制定。据此，我们可以看出我国立法机关之间立法权限的划分明确合理，为构建完备良好的中国特色社会主义法律体系提供了基石。

➡➡ 立法活动：法律是怎么产生的？

任何事物的产生都需要有一个过程，法律的产生也不例外。通常一部法律的产生要经过立法前、立法中和立法后三个阶段。立法前阶段指在正式立法前进行各种准备活动的阶段，包括确定立法项目、采纳立法建议、做出立法决策、确定法案起草机关、决定委托起草、起草法案等内容；立法中阶段指正式立法阶段，是法律直接产生的阶段，包括提出法案、审议法案、表决和通过法案、公布法律等程序；立法后阶段指法律制定颁布后对其进行修改和完善的阶段，包括法的解释、法的补充、法的修改、法的废止等内容。法律的产生就像一棵树的成长，前期要准备好小树苗和肥沃的土壤，这类似于立法前阶段；中期要种下树苗并精心浇灌直到它长成参天大树，这类似于立法中阶段；后期要及时修剪和清洁大树，这类似于立法后阶段。只有这三个阶段有机结合，立法活动才完整，一部法律才具有生命力。

因为立法中阶段是正式立法阶段，也是法律直接产生的阶段，所以要严格遵循法定的步骤和顺序，这些步骤和顺序构成了立法程序。立法程序主要包括以下四个步骤：第一步是提出法案，即由有权的机关、组织和人员，依据法定程序向有权立法的机关提出关于制定、认可、变动某项法律的提议和议事原则的专门活动;第二步是审议法案,由有权主体对法案进行审查和讨论,决定其是否应列入议事日程、是否需要修改;第三步是表决和通过法案,即有权的机关和人员根据自身对法案赞同或者反对的态度做出表决,若该表决符合法定多数,则该法案能够通过成为法律;第四步是公布法律,即由有权的机关或者人员在特定时间内,将已经通过的法律用一定的形式公之于众,这个过程也称为法律的颁布。

2014年11月,党的十八届四中全会明确提出编纂民法典的任务,随后全国人民代表大会常务委员会法制工作委员会牵头成立了由最高人民法院、最高人民检察院、司法部(国务院法制工作办公室)、中国社会科学院、中国法学会五家单位参加的民法典编纂工作协调小组,负责民法典的编纂工作,这就是民法典制定前的准备阶段。

2016年至2019年,民法典编纂工作协调小组先后将总则及各分编草案提请全国人民代表大会常务委员会审议。全国人民代表大会常务委员会在三次审议通过总则、各分编草案以及合并而成的民法典草案后,将之印发给有关部门、公布于相关网站征求意见。2020年4月,全国人民代表大会宪法和法律委员会根据各方面的意见进

一步修改完善了民法典草案。国家主席习近平签署了中华人民共和国主席令(第四十五号),《中华人民共和国民法典》已由中华人民共和国第十三届全国人民代表大会第三次会议于 2020 年 5 月 28 日通过,自 2021 年 1 月 1 日起施行。《中华人民共和国民法典》的正式立法阶段,严格按照"提出法案—审议法案—表决和通过法案—公布法律"的步骤和顺序推进。

从《中华人民共和国民法典》的产生过程中,我们可以清晰地看到立法是一个逐步推进的过程,更可以看到立法程序之于立法活动的重要意义。一方面,立法程序保证了立法的民主性,保证了人大代表和广大公民能够充分表达自己的意志,从而使立法更加符合人民利益。另一方面,立法程序保证了立法的科学性。

➡➡ 立法类型:法律效力为什么会不同?

2019 年 1 月,上海市人民代表大会根据本市垃圾分类的现实需要制定了《上海市生活垃圾管理条例》(上海市人民代表大会公告第 11 号),该条例中关于改善人居环境、促进城市精细化管理的规定参照和吸收了国务院制定的《城市市容和环境卫生管理条例》(国务院令第 101 号)中的相关内容。在此基础上,该条例是我国首次通过立法的形式确定了垃圾分类的标准以及不实行分类的惩罚方式,自2019年7月1日施行以来取得了一定的成效。假设长期居住在上海的小明,因为工作需要于2020年在北京居住了一年,这一年里小明是继续遵守《上海市生活垃圾管理条例》(上海市人民代表大会公告第11号),还是按照《城市市容和环境卫生管理条例》(国务院令第101号)的相关内容,不强制要求对垃圾进行分类? 或者是遵守《北京市生活垃圾管理条例》(北京市人民代表大会常务委员会公告〔15届〕第39号)中的相关规定? 这实际上是一个关于法律效力的问题。法律效力既包括效力的空间范围差异,即在什么地方是有效的,也包括法律之间效力的等级差异,即谁应当服从于谁。不同的法律之间往往存在上述差异,而这种差异归根结底是制定法律的机关不同。

法律效力的空间范围差异是由立法机关管辖范围的不同导致的。依据立法机关管辖范围的不同,可以将立法活动分为中央立法和地方立法两种类型。中央立法即全国人民代表大会及其常务委员会、国务院及其各部的立法活动,制定的法律通常在全国范围内适用。地方立法即省、自治区、直辖市、设区的市、民族自治地方的政府和人民代表大会及其常务委员会的立法活动,制定的法

律只在本区域内适用。在前文的例子中，国务院制定了《城市市容和环境卫生管理条例》（国务院令第 101 号），上海市人民代表大会出台了《上海市生活垃圾管理条例》（上海市人民代表大会公告第 11 号），前者在全国范围内适用，后者只能在上海市范围内适用。这是因为国务院有权管辖全国范围内的事务，其行政法规是针对国家、社会和公民生活中的全局性问题而制定的，自然能在全国范围内适用；而上海市只管辖本市范围内的事务，其地方性法规致力于解决本区域的特殊问题，带有显著的地域特色，不能在本市以外的地方适用。

法律之间效力的等级差异一般是由立法机关的性质和级别不同导致的。依据立法机关性质的不同，可以将立法分为人大立法和行政立法两种类型。人大立法即全国人民代表大会及其常务委员会、地方各级人民代表大会及其常务委员会的立法活动；行政立法即国务院及其各部和地方各级政府的立法活动。一般而言，立法机关的级别越高，其制定的法律的效力也就越高。在同一级别的立法机关中，人民代表大会制定的法律的效力高于行政机关制定的法律的效力。例如，在生态环境保护方面，武汉市人民代表大会制定了《武汉市市容环境卫生管理条例》（武汉市人民代表大会常务委员会公告〔14 届〕第

29 号），武汉市人民政府制定了《武汉市生活垃圾分类管理办法》（武汉市人民政府令第 297 号），前者的效力高于后者，若后者的规定和前者的规定产生冲突，就必须以前者的规定为准。

中央立法和地方立法这一分类，主要关涉法律效力的空间范围；人大立法和行政立法这一分类，主要关涉法律效力的等级。在了解这些立法类型后，本章开头的问题就能得到答案了：小明在北京居住的这一年里，应该遵守《北京市生活垃圾管理条例》（北京市人民代表大会常务委员会公告〔15 届〕第 39 号），而不需要遵守《上海市生活垃圾管理条例》（上海市人民代表大会公告第 11 号）。一方面，因为两者都是本市人民代表大会制定的法律，都属于只在本市范围内适用的地方立法，所以小明身在哪里便遵守哪里的地方立法即可；另一方面，两个条例适用的空间范围没有重叠的部分，所以不会产生适用的冲突，也就不需要讨论效力的等级问题。

立法类型的划分并不是绝对独立的，而可能是相互交叉的。例如，国务院的立法既属于中央立法也属于行政立法，省人民代表大会的立法既属于地方立法也属于人民代表大会立法，那么两者的效力等级谁更高呢？这不仅涉及效力的空间范围问题，还涉及效力的等级问题，

此时仅根据前述的两种分类已经不能解决问题了。对此《中华人民共和国立法法》规定,国务院立法的效力高于省人民代表大会立法的效力。所以如果《北京市生活垃圾管理条例》(北京市人民代表大会常务委员会公告〔15届〕第39号)或者《上海市生活垃圾管理条例》(上海市人民代表大会公告第11号)与国务院制定的《城市市容和环境卫生管理条例》(国务院令第101号)中的某些条款产生了冲突,则应当以国务院制定的《城市市容和环境卫生管理条例》(国务院令第101号)为准。

▶▶ 执法:法律实施的主体

➡➡ 无处不在的执法

法律的生命在于实施,法律的权威也在于实施。有了法律而不能有效实施,那再多再好的法律都会变成一纸空文。法律实施是相对于法律制定(立法)而言的活动。在实践中,法律实施的方式多种多样,法律遵守(守法)、法律执行(执法)、法律适用(司法)、法律监督等,都是法律实施的重要环节。而在众多法律实施方式中,执法又是最为普遍和广泛的一种,是法律实施的主体工程。据统计,我国有80%以上的法律主要通过执法这一途径实施,而在地方性法规、行政法规和政府规章层面,这一比例往往更高。

执法是国家机关和相关组织,依照职权和程序贯彻执行法律的活动。尽管执法是一项极具专业性的工作,但许多执法活动其实离我们并不遥远。在日常生活中,执法活动几乎随处可见。例如,我们走在城市的道路上,时常会见到交警们忙碌的身影。他们有时走到道路中央,指挥着行人和车辆,维持交通秩序;有时又站在路边,对着车祸现场拍照,与当事人交谈,细心地处理交通事故。在不同的场景中,忙碌的交警们看似做着不同的事情,但他们其实都在开展同样的工作——执法。

执法的目的是将法律从抽象的规则转变为具体的现实。一般而言,人们对法律的印象和认识往往局限于写满各种法律条文的印刷品上。法律条文的内容想要转化为人们的行为方式和社会的现实秩序,除了依靠人们的自觉遵守,还离不开国家和政府的贯彻执行。尤其是当现实中出现违法行为时,社会就更需要执法活动来扫除违法现象,以回归良好的秩序之中。试想一下,在人流和车流涌动的路口,是否人人都遵守着交通法规?如果闯红灯、乱变道、超速、超载、酒后驾驶等违章或违法行为未能及时受到处罚,交通秩序将会变成什么样?可见,如果

没有执法，法律就只能"躺"在纸上，而无法"跃入"生活，更不可能发挥出应有的作用。当然，执法的目的并不止于处罚违法者，执法的最终目的是让人们感受到法律的存在和意义，并自觉遵守法律；否则，执法机关和执法者将通过国家强制力，督促他们履行法定的义务。

其实，执法活动不仅非常普遍，还十分广泛。在现实中，社会的绝大多数生产和生活领域，小到衣食住行，大到国防外交，都存在着执法活动。往小看，人们在市场买菜，如果遇到商家售货"缺斤短两"的情况，市场监管部门便会对违法商家进行处罚，这无疑属于执法。往大看，全球恐怖主义犯罪形势日趋严峻，世界各国高度重视的反恐事务也属于执法。总之，执法是国家治理社会的主要手段，政治、经济、财政、文化、教育、卫生、科学、工业、农业、商业、交通、治安、社会保障、公用事业等领域，都需要通过执法来维持秩序、促进发展。

而且，随着社会的不断发展，社会事务愈加复杂，国家治理的范围不断拓展，需要用法律来调整的社会问题和社会关系越来越多。例如，随着网络技术的发展和普及，人们逐渐依赖于网络来开展社交、进行交易。如今，网络空间已经成为社会空间的重要组成部分，无时无刻不在影响着个人和社会。然而，在网络空间不断发展，给人们提供各种便利的同时，许多违法犯罪行为也在其中不断滋长，网络暴力、网络诈骗、网络造谣、信息泄露等问题，都需要通过执法予以有效打击。网络执法不仅能够规范用网行为、净化网络环境，还能够保障网络安全，维护人们的用网权益。总之，在现代国家中，在国家治理和社会发展的推动下，执法的社会覆盖范围越来越广，对社会生产生活的影响也越来越深。高度重视执法是现代法治国家的必然要求。无处不在的执法是法律实施最为重要的组成部分和最为基本的实现方式。

➡➡ 形式多样的执法

既然执法是国家贯彻法律的一项专门工作，那么执法主体必然是特定的。"谁来执法"是执法的首要问题。按照我国法律规定，执法主体主要有行政机关、法律法规授权的组织、行政机关委托的组织三大类。

行政机关是指依据宪法和法律，行使执法权的各级人民政府及其组成部门。其中，各级人民政府包括中央人民政府（即国务院）和地方政府，政府组成部门则包括国务院的组织机构和地方政府的组成部门。由此，行政机关执法可以分为政府的执法和政府部门的执法两种情形。现实中，政府内部存在专业分工，有执法权的政府部

门主要有：公安、税务、市场监管、环境保护、自然资源保护、人力资源和社会保障、交通、卫生、农林渔业、水利、铁路、民航、海关、教育、文化、广播电视、新闻出版等。不同的部门应当各自负责自身领域的执法工作，一般不得越权。例如，群众举报演员的逃税问题就属于税收执法范畴，相关人员的违法行为应当由税务部门进行调查和处理。

法律法规授权的组织是指法律法规授权的具有管理公共事务职能的组织，主要包括事业单位、企业单位、群众自治组织和行业协会。其中，事业单位又分两类：一类是执行国家行政管理职能的事业单位，如中国银行保险监督管理委员会；另一类是履行公共服务职能的事业单位，这类单位主要涉及科教文卫事业，一般由国家机关设立，或者由国有资产举办。事业单位执法是法律法规授权执法最为常见的类型。企业单位执法主要是指国有企业、金融企业等被法律法规授权执法，如电力公司、铁路运输公司等。此外，基于法律法规的授权，群众自治组织和行业协会也可以进行执法。例如，《中华人民共和国消防法》就有明确规定，村民委员会、居民委员会应当确定防火安全管理人，组织制定防火安全公约，进行防火安全检查。又如，《中华人民共和国注册会计师法》规定，注册会计师协会应当对注册会计师的任职资格和执业情况进行年度检查。

行政机关委托的组织是指受行政机关委托，以委托行政机关名义从事执法活动的组织。其中，受委托的组织可以是政府行政机关，也可以是其他组织。根据《中华人民共和国行政处罚法》第二十条的规定，在委托执法中，委托行政机关的委托行为必须有明确的法律依据，其委托的内容不能超越自身的职权范围，且需要对委托的执法行为后果承担法律责任。与之相对应，受委托的组织只能在委托范围内开展执法工作，它不仅需要接受委托机关的指导和监督，还不得再委托其他组织代为执法。在实践中，基层的乡镇人民政府和街道办事处，是最为常见的受委托的组织。例如，《中华人民共和国行政处罚法》规定，行政处罚由县级以上地方人民政府具有行政处罚权的行政机关管辖。而在现实中，基层社会的执法需求最为旺盛，乡镇人民政府和街道办事处是较为合适的执法组织。因此，许多县级地方政府往往通过行政委托的形式，将执法权下放到乡镇和街道一级，以满足基层社会的现实需求。

除了通过多种主体来开展执法工作，法律还设计了非常多样的执法工作方式，以充分发挥执法的功能。执

法的方式是指执法机关实施执法活动的具体形式,包括行政检查、行政处罚、行政强制、行政征收、行政许可、行政给付、行政奖励、行政规划、行政指导、行政合同等。其中,在一线实务中较为常见的是行政检查、行政处罚、行政强制和行政征收。

行政检查是执法机关对执法对象开展监督和检查的一种活动,执法机关在此过程中主要关注执法对象的守法情况。例如,节假日时,在广场、商场、步行街等人群聚集场所,人们时常能见到治安警察例行巡逻,这便是较为日常的行政检查执法活动。在实践中,行政检查有时也会针对特定的执法对象展开。比如,人们在日常生活中,如果发现某些具体的违法行为,可以依法向执法机关举报。接到举报后,执法机关有义务针对特定的人员、组织和场所进行检查。

行政处罚是执法机关依法对违反行政管理的公民、法人和组织进行惩罚的执法活动。根据《中华人民共和国行政处罚法》,行政处罚的种类主要有:警告、通报批评;罚款、没收违法所得、没收非法财物;暂扣许可证件、降低资质等级、吊销许可证件;限制开展生产经营活动、责令停产停业、责令关闭、限制从业;行政拘留;法律、行政法规规定的其他行政处罚。可见,行政处罚主要以减损违法者的权益，或者增加其义务的方式展开。其最终目的是要通过惩戒违法者，消除违法行为所造成的消极影响，并恢复社会秩序，以维护法律的权威。

行政强制主要包括行政强制措施和行政强制执行。行政强制措施是指执法机关在执法过程中，为了制止违法行为、保存证据、避免危害，而依法暂时控制执法对象人身自由或者财物的行为。例如，市场监督管理局在发现某制假售假场所后，为了制止违法、锁定证据，便可以对非法货物采取查封扣押的强制措施，以保证执法的顺利开展。行政强制执行是指行政机关自身，或者行政机关通过申请人民法院强制执行，对不履行行政决定的执法对象，依法强制其履行义务的行为。例如，上述制假售假案件的违法人员在受到行政处罚后，在规定期限内拒不缴纳罚金，那么市场监督管理局便可以向人民法院提出申请，强制收缴违法人员的财产。

行政征收是行政机关依法向行政管理对象强制收取费用或者征收财物的活动。在现实中，行政征收十分普遍，例如，税收征收和行政收费都是较为常见的行政征收行为。税收是国家的基础，纳税是每个公民应尽的义务，国家税收为国防安全、内务公安、社会基建、基本养老、医疗卫生、教育、科研等事业提供基本保证。然而，由于逃

税漏税等违法现象的存在,税务机关往往还需要通过税收检查、稽查来保障税收。行政收费是指行政机关在进行管理和服务的过程中,依法向管理和服务对象收取非营利性质费用的行为。例如,《中华人民共和国渔业法》规定,在国家管辖的水域和海域从事捕捞作业的单位和个人,必须依法缴纳渔业资源增殖保护费。又如,行政机关在为有需要的人们办理证照后,也会收取证照费、工本费等。

➡➡ 执法活动的专业性和复杂性

在实践中,执法是一项极具专业性和复杂性的工作。法律制度对执法活动有细致且严格的要求,执法者只能在法律的框架内开展工作,在严格遵守程序的前提下,准确地实施法律法规。在执法活动中,执法者不仅要了解真相、明辨是非,还要准确理解法律的内容和精神,才能在执法办案中做到"心中有数、操之有度、行之有方"。尤其在针对违法行为的执法工作中,执法活动往往从调查取证开始。如何获取证据? 如何保存证据? 如何建立证据链? 如何认识案件事实? 这些都是执法者必须好好应对的问题。而在调查完毕,了解清楚案件事实后,如何评价执法对象的行为? 如何恰当地运用法律处理违法者?

这些同样是执法者需要妥善处理的工作。说到底,执法活动的专业性和复杂性不仅要求执法者做"法律专家",还要求执法者保持社会洞察力,才能在实践中将法律事实与法律规范有机结合,以实现执法的最终目标。

执法的复杂性不仅体现在规范和制度层面,更体现在具体的实践之中。现实中,执法活动会增加执法对象的义务,在客观上减损其利益,这使得执法即使有国家强制力作为保障,也很容易遭到执法对象的抵抗。执法的对抗性是执法实践的"底色"。执法双方的角力使执法活动天然具备不稳定的因素,很容易影响法律的顺利实施。例如,近年来备受关注的城管执法问题,很大程度上就缘于执法活动的这种特征。在城管管理摊贩的过程中,执法人员要解决摊贩占道经营、堵塞交通、影响市容等问题,而很多摊贩又确实有灵活就业、养家糊口的需要,二者在执法中是天然对立的双方。在此情况下,如果城管强行驱赶摊贩,或者没收其经营工具,就很容易激起摊贩的反抗。其实,在很多执法场景中,执法者不宜片面、粗暴地动用强制力,这不仅无法消除执法中的对抗因素,还往往适得其反,引发激烈的执法冲突。尤其在一些民生领域的执法中,执法活动往往同社会习惯相抵触,且影响到了执法对象的基本生存,执法对象对执法的"容忍度"

明显偏低,更加容易产生执法对抗和执法冲突。因此,在中国基层社会中,民生领域执法的协商化趋势日益明显,"文明执法""柔性执法""微笑执法"等要求和话语的出现,表明实践中的执法有着远远超出法律文本的多面性和复杂性。

此外,执法是一种需要深入社会的法律实施活动,社会环境也会对执法活动带来许多影响。现实中,有些执法活动在执法机关的办公场所开展,但更多的执法活动在街头巷尾、田间地头等空间进行。这些开放空间中的一线执法是最为日常的执法形态。在一线执法中,执法活动要面临许多不确定因素,这些因素很容易干扰执法进程,甚至会直接破坏执法工作。例如,在街头,执法者更难控制执法对象的言行,执法对象也更容易逃脱;围观群众可能不理解、不认可执法行为,或者在执法过程中哄闹,甚至直接指责执法人员,给执法带来额外的阻力。总之,一线执法的对抗性往往比较激烈,许多干扰因素的"闯入"不仅会阻碍执法活动的展开,而且有可能使执法人员深陷危险。在此情况下,执法者更加需要洞悉执法对象和执法环境,对执法活动的形势保持敏锐,才能在错综复杂的执法现场中明辨是非、秉公执法。执法是门技术活儿,做好执法工作不容易。

▶▶ 司法：公平正义的保障

➡➡ 司法的产生：从私力救济到公力救济

在日常生活和交易过程中，人们之间发生纠纷无法自行和解时，可以向人民调解委员会申请调解，也可以向人民法院起诉。人们与政府之间产生纠纷，可以向人民法院起诉。人民法院依照法律规定受理案件，由部分法官组成合议庭对案件开庭审理，最终通过调解或者判决的方式解决纠纷。人民法院属于司法机关，它们依照法律规定和相关程序来解决纠纷的活动即属于司法活动。从广义上说，司法是国家司法机关依据法定职权和法定程序，具体应用法律处理案件的专门活动。从狭义上说，司法特指法院依照法定职权和程序适用法律，处理诉讼案件的活动。

司法属于公力救济的主要方式。之所以将司法称为公力救济，是因为国家机关是纠纷解决的主体，法律是纠纷解决的主要依据，国家权威是纠纷解决的保障。与公力救济相对的是私力救济。私力救济是指当个人或者企业之间发生纠纷时，不通过国家机关和法定程序，而是依靠自身力量解决纠纷。私力救济主要包括自决与和解。

自决是一方凭借自身力量使对方服从，和解则是双方相互妥协和让步。不同于公力救济，私力救济的主要依据不仅有法律，还有道德、风俗习惯等。

司法的产生是一个公力救济逐渐取代私力救济的过程。国家是公力救济的提供者，在国家没有出现以前，私力救济是人们解决纠纷的主要方式。例如，人类学家对原始部落的调查发现，纠纷会导致一场流血的决斗，发生纠纷的双方会事先安排好决斗的形式，决斗结束后双方握手言和，纠纷也得以解决。决斗也可能发生在两个群体或者部落之间，表现为会战的形式。

即使在国家出现之后，有了专门的司法机关来解决纠纷，在很多时候，人们仍可能选择私力救济。这是因为一开始国家解决纠纷的能力还比较弱，难以满足人们的要求。例如，我国古代社会是"皇权不下县"，即国家的正式组织只设置到县一级，县一级国家组织的职能也仅限于税收和讼狱，县以下由乡绅来管理。人们发生纠纷后或者选择和解，或者选择由乡绅调解，很少去官府。无论和解还是乡绅调解，依据的主要是道德、习俗等民间规范。

伴随现代国家纠纷解决能力的提高，私力救济的空间逐渐被压缩,发生纠纷后人们更倾向于选择公力救济。第一,现代司法制度更为完善。现代国家普遍建立起完善的司法制度,审判活动受到充分的监督,法官滥权、越权行为被有效禁止,当事人的合法权益得到充分保障。第二,现代司法技术更为先进。例如,依靠先进的物证技术,发生在过去的案件事实得以有效还原,公平正义也就更容易实现。在古代社会,案件事实的还原在很大程度上依赖于法官个人的经验和判断,甚至还可能求助于神谕,这容易导致事实认定错误,也令诉讼结果具有很大的不确定性。第三,国家立法禁止复仇、决斗等行为,行为人会面临严厉的法律制裁。虽然国家依然允许当事人通过私力救济方式解决纠纷,但是不能违反法律。发生纠纷后选择到人民法院起诉也会被认为是一项符合法治要求的选择,得到国家的充分鼓励和大力倡导。

➡➡ 诉讼构造:控辩审的三角关系

可以用三角形来表示诉讼各方的关系。司法机关和双方当事人分别处于三角形的三个顶点。其中,司法机关属于审判者的角色,双方当事人属于控告者和辩护者的角色。三角形具有天然的稳定性,因而控辩审的三角

关系也被认为有利于公平正义的实现。控辩审三角关系是对诉讼构造的整体概括，具体到不同的诉讼活动中，三方角色则会有较大不同。

依照诉讼活动所依据的法律规范的不同，诉讼可以分为民事诉讼、行政诉讼和刑事诉讼。民事诉讼活动主要依据《中华人民共和国民事诉讼法》。现行《中华人民共和国民事诉讼法》于 1991 年施行，并经 2007 年、2012 年、2017 年、2021 年四次修正。《中华人民共和国民事诉讼法》主要对管辖，审判组织，回避，诉讼参加人，证据，期间，送达，调解，保全和先予执行，对妨害民事诉讼的强制措施，诉讼费用，等等做出规定。根据相关规定，民事诉讼是公民之间、法人之间、其他组织之间以及他们相互之间因财产关系和人身关系而提起的诉讼。在民事诉讼中，双方当事人分别为原告和被告，他们享有同等的诉讼权利和义务，如有权委托代理人，提出回避申请，收集、提供证据，进行辩论，请求调解，提起上诉，等等。民事诉讼程序主要包括第一审程序和第二审程序，第一审程序又分为普通程序和简易程序。其中，第一审普通程序包括起诉和受理、审理前的准备、开庭审理、判决和裁定等环节。当事人不服第一审判决的，可以向上一级人民法院提起上诉，第二审判决为终审判决。

行政诉讼活动主要依据《中华人民共和国行政诉讼法》。现行《中华人民共和国行政诉讼法》于 1989 年制定,并经 2014 年、2017 年两次修正。行政诉讼是公民、法人或者其他组织认为行政机关和行政机关工作人员的行政行为侵犯其合法权益而提起的诉讼。行政诉讼程序和民事诉讼程序有一定的区别。例如,诉讼各方的举证责任不同。在民事诉讼中,原告和被告双方都具有就其主张而举证的责任,俗称"谁主张、谁举证",当事人举证不力则可能面临败诉风险。在行政诉讼中,被告对做出的行政行为负有举证责任,原告也可以提供证明行政行为违法的证据,不过原告提供的证据不成立的,不免除被告的举证责任。在特定情形下,也可以免除原告的举证责任。之所以如此规定,是因为行政诉讼中原告和被告双方的力量并不对等,适当减轻原告的举证责任有利于更好地实现公平正义。

刑事诉讼活动主要依据《中华人民共和国刑事诉讼法》。现行《中华人民共和国刑事诉讼法》于 1979 年制定,并经 1996 年、2012 年、2018 年三次修正。刑事诉讼是人民法院、人民检察院和公安机关在当事人及其他诉讼参与人的参加下,依照法律规定的程序,解决被追诉者刑事责任问题的活动。刑事诉讼的任务是准确、及时地

查明犯罪事实,正确应用法律惩罚犯罪分子,保障无罪的人不受刑事追究,等等。刑事诉讼的主体有公安机关、人民检察院、人民法院、受害人、犯罪嫌疑人、被告人等。其中,对刑事案件的侦查、拘留、执行逮捕、预审,由公安机关负责;检察、批准逮捕、检察机关直接受理的案件的侦查、提起公诉,由人民检察院负责;审判由人民法院负责。公检法三机关相互配合,共同完成刑事诉讼的任务。刑事诉讼主要针对触犯《中华人民共和国刑法》的犯罪行为,此类行为不仅侵犯了受害人的权利,还侵犯了国家利益,因而由检察机关代表国家提起公诉,受害人并不具有免除被告人法律责任的权利。被告人有权委托辩护人,被告人因经济困难或者其他原因没有委托辩护人的,经申请可以由法律援助机构指派律师为其提供辩护。为了更好地保护被告人的合法权益,《中华人民共和国刑事诉讼法》规定了非法证据排除规则,即采用刑讯逼供等非法方法收集的犯罪嫌疑人、被告人供述,应当予以排除。相比于民事诉讼和行政诉讼,刑事诉讼程序更为复杂,包括立案、侦查、提起公诉、审判、执行等,其中,每一个程序又包含多个环节。更为复杂的程序设计是为了更好地追究违法犯罪,充分保障各方的合法权益。

➡➡ 公平正义：司法的灵魂

公平正义是司法的灵魂。司法机关和司法人员在解决纠纷的过程中应当始终坚持和体现公平正义原则。如果违反了公平正义原则，那么司法将会丧失人们对它的信任。公平正义具体包括实体公正和程序公正，前者是指司法裁判的结果公正，即当事人的权益得到充分保障，违法犯罪者得到应有的惩罚和制裁；后者是指司法过程的公正，即司法程序具有正当性，当事人在诉讼过程中得到了公平的对待。其中，最为重要的是双方当事人享有平等的诉讼权利，司法机关保障当事人的诉讼权利得到充分实现。实体公正和程序公正不可分割，程序公正是实现和保障实体公正的过程和手段，是否能够更好地实现和保障实体公正是评价程序是否公正的最终标准。

公正对于司法之所以重要，不仅是因为公正是人们发生纠纷后选择司法的主要缘由，更是因为司法是维护和实现公平正义的最后一道防线。人们之间发生纠纷后，可以选择和解，也可以选择由村（居）民委员会、司法所、派出所等部门或者组织来调解，或者是提交仲裁组织进行仲裁。当人们对行政机关的具体行政行为不满，认为其侵犯了自身的合法权益时，也可以向上一级行政机

关申请复议。如果人们对相关部门和组织的调解或者复议结果不满，还可以选择向人民法院起诉。司法是解决纠纷，维护当事人权益，保障公平正义的最后一个环节。如果前面的环节没有很好地解决纠纷，公平正义没有实现，那么司法犹可补救；如果前面的环节出现错误，那么司法犹可纠正。但是，如果司法环节出现了偏差，那么公平正义最终就很难实现了。人们不仅会失去对司法的信任，还可能会失去对法治的信心。英国哲学家培根对司法公正的重要性做了十分形象的比喻。他说："一个不公正的判决比多个不合法的行为危害更大。不合法的行为只是弄脏了水流，而不公正的判决污染了水源。"

现代国家通过建立完善的司法制度来保障公平正义的实现。古代国家虽然也建立了一系列制度来监督和约束法官，但是，公平正义的实现在很大程度上仍依赖于法官个人的良心。那些明察秋毫、公正严明的法官往往获得民众的欢迎，他们维护公正的故事也成为各类文学作品的主要题材，如狄仁杰、包拯、宋慈、海瑞、于成龙、刘墉等。不过，与其将公正寄托在个人身上，不如依靠完善的司法制度。现代国家基本建立起了完善的司法制度，这些制度有效地保障了公平正义的实现。不同国家用以保障公正的司法制度并不完全一样。例如，英美等国组建陪审团,由从普通人中选出的临时陪审员来认定案件事实,法官负责适用法律。我国的司法体制改革以"努力让人民群众在每一个司法案件中感受到公平正义"为目标,通过多年改革,目前已初步建立起完善的司法体制,具体包括以下四个方面:

一是人民法院组织体制。这主要涉及上下级人民法院之间的权力关系和人民法院内设机构之间的权力关系。我国上下级人民法院之间存在审级关系和审判业务指导关系,这有利于上级人民法院更好地监督和指导下级人民法院的审判工作。二是审判运行机制。这涉及人民法院内部审判权的配置和运行。根据《中华人民共和国民事诉讼法》《中华人民共和国人民法院组织法》的相关规定,法官组成的合议庭享有充分的审判权,同时,由院长、副院长对审判工作进行监督和指导,并充分发挥审判委员会的指导作用。这既能保障审判活动不受外界干预,又能做到集思广益。三是法官管理制度。公平正义目标的实现离不开一支高素质的法官队伍。要组建和维持高素质的法官队伍,就需要建立完善的法官管理制度。目前,我国初步建立起完善的法官选任、考核、职业保障、荣誉和惩戒制度。在这些制度的作用下,我国法官队伍的法律知识和司法经验处于较高的水准。四是审判管理

制度。审判管理制度主要围绕案件审判工作展开，以审判决策、程序控制、质量督查、行为激励为主要内容。我国人民法院的审判管理制度包括审判流程跟踪管理、案件质量评查和审判绩效综合考评，依靠这些制度形成对法官的充分激励与约束，从而提高司法效率，保障司法公正。

➡➡ 程序：司法的"密码"

程序是指"事情进行的先后次序"。法律程序是指按照一定的顺序、程式和步骤制作法律决定的过程。《中华人民共和国民事诉讼法》《中华人民共和国行政诉讼法》《中华人民共和国刑事诉讼法》对于各类诉讼活动的程序均有明确规定。人民法院需要严格遵守法定程序，既不能遗漏某个程序环节，错置不同程序环节的顺序，也不能超出时限要求。例如，《中华人民共和国民事诉讼法》规定了开庭审理包括核对当事人信息、告知有关的诉讼权利义务、法庭调查、举证质证、法庭辩论、宣判等几个环节，人民法院需要严格按照上述规定审理案件。再如，《中华人民共和国行政诉讼法》第五十一条规定，人民法院在接到起诉状时，对当场不能判定是否符合本法规定的起诉条件的，应当接收起诉状，出具注明收到日期的书面凭证,并在七日内决定是否立案。人民法院如果逾期,则会违反法律程序。人民法院违反法律程序,会导致判决结果被上级人民法院撤销。根据《中华人民共和国民事诉讼法》的相关规定,第一审判决存在严重违反法定程序的,当事人提起上诉后,第二审人民法院应当裁定撤销原判决,发回原审人民法院重审。

当事人也必须按照法律规定的程序行使诉讼权利和履行诉讼义务。一方面,当事人应在特定的程序环节行使特定的诉讼权利和履行诉讼义务。例如,《中华人民共和国民事诉讼法》第四十八条规定:"当事人提出回避申请,应当说明理由,在案件开始审理时提出;回避事由在案件开始审理后知道的,也可以在法庭辩论终结前提出。"另一方面,当事人应在法定时限内行使诉讼权利和履行诉讼义务。例如,《中华人民共和国民事诉讼法》第一百七十一条规定:"当事人不服地方人民法院第一审判决的,有权在判决书送达之日起十五日内向上一级人民法院提起上诉。"当事人逾期行使诉讼权利,又未能说明正当理由,则可能被法院驳回。例如,《中华人民共和国民事诉讼法》第六十八条规定:"当事人逾期提供证据的,人民法院应当责令其说明理由;拒不说明理由或者理由不成立的,人民法院根据不同情形可以不予采纳该证

据,或者采纳该证据但予以训诫、罚款。"当事人迟延履行诉讼义务则可能会面临相应的不利后果或者强制措施。例如,《中华人民共和国行政诉讼法》第八十五条规定:"逾期不提起上诉的,人民法院的第一审判决或者裁定发生法律效力。"

严格的程序可以限制司法人员恣意而为的现象,减少各类司法不规范现象的发生。司法人员和双方当事人之间是一种控辩审的三角关系,在这种关系格局中,司法人员滥用、越权,或者偏向任何一边,都可能导致纠纷难以有效解决,公平正义无法充分实现。因而,需要充分限制和约束司法人员,这对于实现控辩审三方之间关系的平衡十分重要。严格的诉讼程序则有助于实现这一目标。另外,严格的程序还可以有效约束当事人,减少无效活动,提高司法效率。迟到的正义非正义。如果诉讼程序被过度延宕,判决来得太迟,即使判决结果是公正的,当事人仍可能拒绝接受,社会公众也难以充分认可。延宕诉讼程序的原因有很多,如法官违反法律规定,超出审限,或者双方当事人各行其是、我行我素。严格的程序可以有效约束各方,促使他们按照法定的轨道来参与诉讼活动,减少各种无效活动,以提高司法效率。

严格的程序还可以提高当事人对判决结果的认同

感。无论是私力救济,还是公力救济,获得双方当事人对处理结果的认同都是一件十分困难的事情。私力救济主要依靠当事人的个人力量,例如自决实际是一方压迫另一方接受处理结果。公力救济主要依靠司法公信力,而司法公信力主要来自严格的程序。很多学者研究发现,程序对于人们是否接受某个决定具有十分重要的作用。好的程序会让当事人感觉到自己被充分尊重和接纳,这种心态有助于他们接受判决结果。

▶▶ 监察:中国特色的监督

➡➡ 从哪里来:监察机关的诞生

监察,即监督和观察。在我国的政治制度中,监察制度扮演着不可或缺的重要角色。中国特色国家监察体制是体现中国智慧、中国经验的约束和规范权力的制度,是中国法制在官员治理上的创新。

我国古代的监察制度是国家政治制度中的重要一环,因而带有浓厚的政治色彩。从中央与地方事权划分角度来说,我国历史上的监察制度一直包含着中央监察与地方监察两套体系。例如,秦朝设立了中央监察机关御史府,最高长官为御史大夫,驻地方上的监察官员则称

为监郡御史，也叫作监御史或者监。断案如神的包公包拯就曾经做过御史，弹劾、法办了许多人。这种从中央到地方均建立监察机构的模式贯穿了中国整个封建时代。到明清时期，我国在中央设置都察院为中央监督机构，在地方上则设置了提刑按察使司作为省级最高司法监察机构。尽管名称有所不同，但这种中央与地方分别设置、各自监督的方式一直延续了下来。在中华人民共和国成立之后，监察制度历经创制、调整、恢复等多个阶段，在曲折中向前发展。进入新时代，在国家治理体系和治理能力现代化的背景下，监察体制改革进入快车道。

党的十八大以来，中央坚持全面从严治党，高度重视反腐工作。如何在制度上建立符合新时期反腐要求的监察体制，改变以往监督机制不全、监督不力等状况，成为亟须解决的问题。在此背景下，开展国家监察体制改革，设立国家监察委员会，并与中共中央纪律检查委员会合署，整合行政监察、预防腐败和人民检察院查处贪污贿赂、失职渎职及预防职务犯罪等工作力量，构建党统一指挥、全面覆盖、权威高效的监督体系，纪检监察活动达到了历史新高度，为反腐败工作提供了制度性保障。

2016年，我国开始在北京市、山西省、浙江省开展国家监察体制改革试点，为监察体制改革积累了坚实的实践经验。2018年,第十三届全国人民代表大会第一次会议表决通过了《中华人民共和国宪法修正案》,在"国家机构"一章中增设了"监察委员会",确立了监察委员会作为国家机构的法律地位,为设立国家和地方各级监察委员会提供了宪法依据。本次修宪对监察委员会的性质、产生、组成、地位、工作原则、领导体制、与其他国家机关关系等方面做出了详细规定,监察权成为与行政权、审判权、检察权平行的国家权力。与此相配套,第十三届全国人民代表大会第一次会议还表决通过了《中华人民共和国监察法》,宣告我国构建起集中统一、权威高效的中国特色国家监察体制,为反腐败工作开创新局面、取得反腐败工作的新胜利提供了制度保障。

《中华人民共和国监察法》的颁布和监察机构的诞生,是中国特色国家监察体制的重要体现。《中华人民共和国监察法》以法律的形式推进了我国监察体制改革。作为党统一领导下的国家反腐败工作机构,这是一种全新的国家监察体制,是对我国历史监察制度和经验的传承和创新。在新的历史时期和形势下,坚持无禁区、全覆盖、零容忍推进反腐败工作,是我党坚定不移的目标和任务。中国特色国家监察体制的建立,对于推进国家治理体系与治理能力现代化,有效实现对行使公权力的公职

人员监督全覆盖,保证党纪与国法得到一体遵循具有重要意义。

➡➡ 能干什么:监察权的主要内容

在全国人民代表大会的领导下,我国形成了"一府一委两院"的基本架构,其中的"委"就是指国家监察委员会。监察权的主要内容是什么呢?首先要了解国家监察委员会和中共中央纪律检查委员会的关系。监察权是国家权力之一,中共中央纪律检查委员会司职党的监督执纪职能,两者合署是将国家监察活动与党的监督执纪行为合一,构建一体推进不敢腐、不能腐、不想腐体制机制。总之,监察权就是为了深入开展反腐败工作,对所有行使公权力的公职人员进行监督的权力。

具体而言,监察委员会主要履行监督、调查和处置三大职责。监督,主要是对公职人员依法履职、秉公用权、廉洁从政从业以及道德操守情况进行监督检查;调查,主要是对涉嫌贪污贿赂、滥用职权、玩忽职守、权力寻租、利益输送、徇私舞弊以及浪费国家资财等职务违法和职务犯罪进行调查;处置,包括对违法的公职人员依法做出政务处分决定,对履行职责不力、失职失责的领导人员进行问责,对涉嫌职务犯罪的,将调查结果移送人民检察院依法审查、提起公诉,向监察对象所在单位提出监察建议。

监察委员会的监督,是一种国家监督,监督结果具有国家强制力。监察对象是公职人员和其他有关人员,主要包括:中国共产党机关、人民代表大会及其常务委员会机关、人民政府、监察委员会、人民法院、人民检察院、中国人民政治协商会议各级委员会机关、民主党派机关和工商业联合会机关的公务员,以及参照《中华人民共和国公务员法》管理的人员;法律、法规授权或者受国家机关依法委托管理公共事务的组织中从事公务的人员;国有企业管理人员;公办的教育、科研、文化、医疗卫生、体育等单位中从事管理的人员;基层群众性自治组织中从事管理的人员;其他依法履行公职的人员。这确保了监督的无死角和全覆盖。监督的内容主要就是监督用权。公职人员是否恰当地使用权力,主要包括两个方面,其一是权力使用的合法性,其二是权力使用的合理性。例如,超出职权范围使用权力,就是违法用权;"权为民所用"而不能以权谋私,涉及的就是合理用权问题。

调查包含谈话、讯问、询问、留置、查询、冻结、搜查、调取、查封、扣押、勘验检查、鉴定、技术调查等多项调查措施,是监察机关查获职务违法犯罪行为的主要手段。由于涉及对相关人员人身权利的限制,因此调查手段必

须严格遵循法律规定的权限和程序实施。人们生活中常说的"抓人",就属于调查手段的一种。同样是"抓人",监察机关"抓人"和公安机关"抓人"有何区别?主要区别在于"人"的不同。监察机关抓的人主要是涉嫌职务犯罪的公职人员,而公安机关抓的人则主要是除职务犯罪以外的其他犯罪嫌疑人。

在众多调查手段中,最为人们所熟悉的是留置。留置是将职务违法犯罪嫌疑人留在特定的场所,对其进行进一步调查的措施,期限通常不超过三个月。依法应当留置的被调查人员如果在逃,监察机关可以决定对其进行通缉,由公安机关发布通缉令,追捕归案。

依法查明公职人员违法犯罪事实之后怎么办?这涉及的就是处置问题。处置的类型主要有三类:

其一是政务处分。政务处分主要针对的是一般职务违法行为,是对违法的公职人员依照法定程序做出的警告、记过、记大过、降级、撤职、开除等处分决定。

其二是问责。监察机关在追究违法的公职人员直接责任的同时,依法对履行职责不力、失职失责,造成严重后果或者恶劣影响的领导人员予以问责。

其三是移送依法审查起诉。如果涉嫌职务犯罪的,比如涉嫌贪污罪或者受贿罪的，监察机关应当将调查结果移送人民检察院依法审查、提起公诉。此时案件的处置权转移并进入刑事诉讼程序，由司法机关最终裁定涉案人员的罪与刑。需要指出的是，如果最终裁定涉案人员构成犯罪，除了承担刑事责任之外，监察机关还应给予其撤职或者开除的政务处分。此时公职人员既承担了刑事责任，又接受了政务处分。

除上述处置类型外，还有一种常见的处置是监察建议。监察建议一般是针对具体问题，比如队伍建设、制度落实、责任追究等做出的具体要求，并要求反馈整改结果。因此，监察建议不同于一般性质的工作建议，它具有法律效力，被提出建议的单位必须履行监察建议的相关内容，否则将承担相应的法律责任。

市场经济的法律服务

> 律师不仅要知道法律规则，要知道法律规则在预测法官行为方面的含义，还要知道社会生活、客户需求和法律实践情况。总之，律师要知道其要塑造的工作情景和在塑造该场景时所参照的法律。
>
> ——卡尔·卢埃林

市场经济是法治经济，一切经济活动必须在法治的轨道上运行。在市场经济的法律服务过程中，律师无疑是最重要的参与者，能够满足市场主体各种不同的法律需求。律师必须依法执业，遵守职业道德与行业规定。在经济活动中产生经济纠纷不可避免，经济纠纷的妥善解决是市场经济良好运行的重要保障。在事前纠纷预防方面,公证可以有效避免纠纷产生;在事后纠纷解决方面,仲裁是公正、灵活、有效率地解决纠纷的重要方式,这一点在国际商事纠纷解决中体现得尤为明显。

▶▶ 律师:法律事务的代理

➡➡ 律师印象

如果你喜欢看律政剧,一定会被剧中的律师形象所吸引。他们衣着讲究,每日穿梭于高档写字楼,尤其是在法庭上唇枪舌剑、用法律的武器捍卫公平正义的时候,浑身都散发着迷人的光芒。在火遍全国的电视剧《精英律师》中,男主角大律师罗槟说,律师之所以选择法律,是因为他们热爱一些不能用钱来购买的东西,比如公正、是非、对错。一些年轻学子正是受到这些律政剧的影响,怀揣着自己对法律的信仰和一腔热血,加入律师行业,期待着有朝一日能够和剧中的律师一样奋战在法律一线。然而,单纯地把律师与正义、自由、独立、智慧和商业利润联系在一起是片面的,有一个说法比较贴切:律师这个职业,看起来很美、听起来很阔、说起来很烦、做起来很难,律师们个个儿都是携鲜花掌声披荆斩棘的高手。

律师是一个专业性极强、永远能学到新知识的职业。

这些知识不仅包括法律知识，还包括与法律业务相关的其他知识。比如有关汽车行业的并购业务就要求律师不仅要学习外资并购的政策、法规、流程、文件起草等知识，还要了解汽车行业的技术、销售、投资方面的发展和趋势。因此，律师需要不断学习新的知识。每当社会上出现新的经济动态或者投资热点时，投资者们大多会先向律师求助，研判可行性和风险。律师不得不眼疾手快、嗅觉灵敏，主动研判、学习、掌握新的经济动态和投资热点。

当然，只是学习还远远不够，律师是社会工作者，要能处理各种复杂疑难的社会事务。律师是受当事人委托解决难题的，需要协调处理客户、相对方、人民法院、行政机关等各方之间利益的冲突。律师需要跟不同的行业、不同的公司、不同的人进行沟通，需要具有处理错综复杂的关系的社交能力，随时应对处理各种突发情况。

加班和出差对律师来说也是家常便饭。曾经有个律师感慨，每天早上醒来第一件事就是仔细想想自己在哪个城市。律师是服务行业，让客户满意是律师的首要原则之一，律师的工作必须紧跟客户的决策和需求。如果下班的时候客户要求第二天一早要看到一个新的方案，律师可能就需要挑灯夜战甚至通宵无眠；如果客户要在短期内完成一个超级复杂的项目，律师就可能好几个月都没有周末；如果客户在国外，那正常的睡眠时间就要让渡给电话会议了。

当然，与这些辛苦付出相对应，律师的收入相对较高。在过去的30年中，中国律师的收入一直与中国高速发展的经济成正比。中国的经济充满了希望和无限的发展潜能，中国律师的收入也同样具有极大的上升空间。而且，经过各项技能洗礼过的律师们，早就练就了一身过硬的本领，转换职业比较容易。很多律师在积累了一定的工作经验后，转行担任企业高管、仲裁委员会仲裁员、学校教师，甚至自己创业，都取得了不错的成绩。

➡➡ 律师与市场经济高度亲和

党的十八届四中全会通过的《中共中央关于全面推进依法治国若干重大问题的决定》指出："社会主义市场经济本质上是法治经济。使市场在资源配置中起决定性作用和更好发挥政府作用，必须以保护产权、维护契约、统一市场、平等交换、公平竞争、有效监管为基本导向，完善社会主义市场经济法律制度。"这是因为市场经济是主体多元化的经济，主体之间存在着复杂的产权关系、经营关系和交换关系，只有用法律对这些复杂的经济关系加以规范，才能使经济活动正常运行；市场经济也是竞争的

经济,契约精神尤为重要,公平竞争的秩序在法律的监管下才能有效确立并坚决执行;市场经济还是开放的经济,本土市场经济的法治化必须与国际经济规则接轨,才能保证全面对外开放的顺利进行。

律师的法律服务事业就是随着经济体制改革的深入和市场经济的完善而逐步发展起来的。律师与市场经济高度亲和,能够有效满足市场经济发展过程中的法律服务需求。以律师人数全球第一的美国为例,其律师总人数已超过135万,平均200多人就有一名律师,是名副其实的"律师王国"。在历任46届总统中,有27位是律师出身。律师在多个方面对自由的社会形态与市场的有效运行进行平衡与推进,对公权力进行制约,对私权力进行保护,是保障市场经济逐步完善的重要法治力量。中国律师行业起步较晚,但发展迅猛。司法部2021年6月发布的《2020年度律师、基层法律服务工作统计分析》显示,截至2020年底,全国共有执业律师52.2万多人,与2015年的27万人相比,短短5年时间几乎翻了一番。本科以上学历的律师占95.57%,在境外接受过教育并获得学位的律师占1.65%。北京、上海、江苏、山东、广东是律师人数最多的五个省(市)。由此可见,一个国家或者地区的律师从业人数也可以从侧面反映出其社会经济发展水平。

近年来，随着经济全球化的迅速发展，许多传统跨国公司成长为全球性公司，在各国政府不断加强监管、国际组织持续推动的影响下，企业间的合规竞争成为全球化企业新的竞争规则。某通讯公司与美国政府就美国政府出口管制调查案件达成和解。作为和解协议的一部分，该公司同意支付约8.9亿美元的刑事和民事罚金。该事件引发了国内关于合规问题的激烈讨论。该事件一方面暴露了企业管控合规风险的能力滞后，以及企业合规管理体系的重大缺陷，对中国全球化企业提出警示；另一方面也对律师行业提出了新的要求。律师行业必须迅速回应市场经济的新要求，将反商业贿赂、反海外腐败、内部调查、合规政策建设、反职务犯罪、刑事合规、网络安全、个人隐私保护等事项纳入业务范围，为企业提供优质服务，助力中国全球化企业稳健发展。

➡➡ 律师也是有组织的

律师事务所主要负责执业管理、利益冲突审查、收费与财务管理、投诉查处、年度考核、档案管理等事项，对律师在执业活动中遵守职业道德、执业纪律的情况进行监督。根据《2020年度律师、基层法律服务工作统计分析》，截至2020年底，全国共有律师事务所3.4万多家。其

中,合伙所是主流,有 2.06 万多家,占 60.59%;个人所9 400 多家,占 27.65%;国资所 870 多家,占 2.56%。从律师事务所规模来看,律师 10 人(含)以下的律师事务所占多数,有 2.27 万多家,占 66.02%;律师 11 人至 20 人的律师事务所 7 100 多家,占 20.83%;律师 21 人至 50 人的律师事务所 3 400 多家,占 10.08%;律师 51 人至100 人的律师事务所 680 多家,占 1.99%;律师 100 人(含)以上的律师事务所 360 多家,占 1.08%。

近年来,也有一些第三方机构在做与时俱进的行业排名,比如亚太地区发展最迅速律师事务所、综合实力50 强律师事务所、TOP 15 知识产权事务所等。虽然这些排名不一定能客观反映律师事务所发展的真实状况,但是也能从某一个角度展现出这些律师事务所的骄人业绩。我们常提到的"红圈所"是由《亚洲法律杂志》(*Asian Legal Business*)在题为《红圈中的律师事务所》一文中提到的。进入"红圈所"工作成了无数法学专业学生的梦想。律师事务所的发展模式各不相同:有立足于当地发展的区域性律师事务所,不设分所或者设立有限分所;有全国或者全球布局发展的开放性律师事务所,设立几十家甚至上百家分所。律师事务所的发展理念也各有千秋:有追求小而美的精品律师事务所,也有追求大而全的规模律师事务所。具体选择何种律师事务所作为自己的组织,要根据自己的实际情况做出客观理性的判断。

此外,全球化背景下律师行业的对外开放也一直在稳步推进。截至 2020 年底,已有来自 23 个国家和地区的 234 家律师事务所设立了 300 家代表机构。律师行业的对外开放,有助于拓展中国律师事务所与境外律师事务所开展业务合作的渠道,通过资源整合、优势互补、密切合作,提升合作水平,更好地面向客户提供跨境法律服务。

律师和律师事务所都应当加入所在地的地方律师协会。律师协会是律师的自律性组织,从中华全国律师协会到地方各级律师协会,主要功能是保障律师的合法权益、进行各项业务培训、制定行业规范和进行惩戒等。

➡➡ 基层法律服务工作者:律师形似神异的兄弟

基层法律服务工作者自 20 世纪 80 年代逐步发展起来,他们跟律师一样是为社会提供法律服务的人员,但与律师有着很大的区别。基层法律服务工作者不具有律师身份,不得以律师名义承揽业务、进行案件调查、代理诉讼等。根据《中华人民共和国民事诉讼法》的规定,基层法律服务工作者可以代理民事案件,可以涉足除刑事辩

护外律师可承接的几乎全部业务范围,但执业区域范围受法律规制,不得跨区域执业。基层法律服务工作者是时代的产物,20世纪80年代,律师极为稀少,建立法律服务所、壮大法律服务工作者队伍,利用贴近基层、便利群众、服务便捷、收费低廉等优势,面向基层社会提供法律服务,满足了中国基层社会和低收入群体的大部分法律服务需求,为基层和农村稳定、和谐发展做出了积极贡献。

《2020年度律师、基层法律服务工作统计分析》的数据还显示,截至2020年底,全国共有基层法律服务机构1.4万多家,其中乡镇所8 700多家,占59.5%;街道所5 900多家,占40.5%。全国基层法律服务工作者6.3万人,其中在乡镇所执业的基层法律服务工作者2.8万多人,占44.4%;在街道所执业的基层法律服务工作者3.5万多人,占55.6%。

▶▶ 仲裁:商事纠纷的诉讼替代

➡➡ 谁能成为仲裁员

发生商事纠纷后,如果争议双方不愿意通过诉讼的方式解决,又无法自行消除矛盾,那么是否还有其他的救济举措?仲裁就是一种典型的非诉纠纷解决方式。仲裁可能是人类历史上最古老的和平友好的争端解决方式，早在颁布成文法、建立法庭或者由法官阐释法律之前，仲裁就已经存在。一般认为仲裁源于原始社会氏族部落酋长对内部纠纷的居中公断。原始社会的氏族部落以血缘、地域为基础连接而成的特点，决定了那时的仲裁只是第三人依靠其权威居中裁断的一种方式，裁决的履行主要依靠宗教、道德的力量，这与现代仲裁制度完全不同。现代意义上的仲裁是指发生争议的双方当事人，根据其在争议发生前或者争议发生后达成的协议，自愿将该争议提交中立的第三者审理，并做出对争议双方均有约束力的裁决的纠纷解决方式。

仲裁裁决是否能让双方当事人信服，"中立的第三者"的专业水平高低至关重要。什么样的人能成为仲裁员？普通法官行不行？普通律师行不行？普通法学教师行不行？统统不行。想要成为一名仲裁员，必须具备较高的专业水准。例如，《中华人民共和国仲裁法》第十三条规定，仲裁员应当符合下列条件之一：（一）通过国家统一法律职业资格考试取得法律职业资格，从事仲裁工作满八年的；（二）从事律师工作满八年的；（三）曾任法官满八年的；（四）从事法律研究、教学工作并具有高级职称的；（五）具有法律知识、从事经济贸易等专业工作并具有

高级职称或者具有同等专业水平的。仲裁委员会按照不同专业设仲裁员名册。

➡➡ 仲裁的魅力：灵活便捷、一裁终局

仲裁能够充分体现双方当事人的自主性。司法诉讼中，当事人可以自由选择法院吗？可以自由选择法官吗？当然不行。与此相对，自主性是仲裁最主要的法律特征。当事人可以自主选择是否通过仲裁解决纠纷；可以自主选择将纠纷提交给哪一个仲裁机构；可以自主选择仲裁庭的组成形式、具体的组成人员、适用的法律等。仲裁不像诉讼那样需要受到各种法律程序的严格约束。仲裁的具体展开，以双方当事人自愿达成的仲裁协议为基准。

作为一种民间性的争议解决机制，仲裁以当事人意思自治排除国家司法权力的过多干预。仲裁协议正是实现当事人意思自治的集中体现，因此，仲裁协议被认为是现代仲裁制度的基石，是争议提交仲裁解决的前提，是取得仲裁管辖权并排斥司法管辖权的依据，也是做出仲裁裁决和执行裁决的依据。仲裁协议是指争议发生之前或者争议发生之后，双方当事人自愿达成的将争议提交仲裁裁决的书面协议。仲裁机构基于当事人的授权而获得对仲裁事项的管辖权。一旦仲裁协议生效，当事人就无

权选择仲裁以外的救济途径,只能向仲裁机构申请仲裁。即使当事人将仲裁协议中约定的争议诉诸法院,法院也无权受理。对于仲裁机构做出的有效裁决,法院负有执行职责,这体现了法院对仲裁的支持。

当事人可以自主选择适当的仲裁程序,使得仲裁程序简便、快捷,提高了仲裁的效率。仲裁所具有的专业性可以保障双方当事人及时选定具备解决争议所需相关专业知识的仲裁员,加快争议案件事实的认定和裁决的做出。相对于实行多审级制度的诉讼,仲裁实行一裁终局制度,仲裁裁决一经仲裁庭做出即产生终局的法律效力,当事人不得就同一纠纷向人民法院起诉或者向仲裁机构再次申请仲裁。当然,如果仲裁裁决被人民法院裁定撤销或者不予执行,则意味着当事人之间的争议并未得到最终的解决。此时,当事人可以重新达成仲裁协议将该纠纷提交仲裁,也可以向有管辖权的人民法院提起诉讼。

与其他纠纷解决方式相比,仲裁具有保密性。虽然我们可以从中国裁判文书网上看到大量公开的裁判文书,可以从中国庭审公开网上看到案件的实时公开审理,但是我们不可能在网络上看到一份仲裁裁决。由于仲裁所解决的是商事纠纷,这决定了许多纠纷案件可能涉及当事人的商业秘密,所以仲裁具有保密性。仲裁员及相

关人员负有保密义务,不得对外披露仲裁所涉文件、案件实体情况、审理程序等内容。

除了普通的商事仲裁外,我国还存在小额消费争议仲裁,它同样实行一裁终局制度。与一般的商事仲裁相比,小额消费争议仲裁的对象是小额消费纠纷,仲裁申请人主要是消费者一方。这类仲裁期限较短,一般收费较低或者不收费。多数情况下,小额消费争议的金额在人民币5万元以下。

另外,我国还存在行政仲裁,亦称"行政公断",它是行政机关以第三者身份依法对当事人之间的争议,按照法定仲裁程序予以解决的制度,包括劳动争议仲裁、人事争议仲裁和农村土地承包经营纠纷仲裁。这类仲裁裁决通常不具有终局性,即当事人对仲裁裁决不服的,可以提起诉讼。劳动争议仲裁委员会设置于行政机构内部,隶属于行政机关,归人力资源和社会保障部门管理;劳动争议仲裁不收取费用,且可申请法律援助。人事争议仲裁是对国家机关、事业单位、社会团体以及军队聘用单位的工作人员与所在单位产生的录用、聘用或者聘任合同、辞职辞退等人事管理争议的仲裁。随着我国国家机关、事业单位、社会团队以及军队聘用单位在人事关系方面全面推行聘用制,由此产生的人事争议也日益增多。农村土地承包经营纠纷仲裁适用《中华人民共和国农村土地承包经营纠纷调解仲裁法》。农村土地承包仲裁委员会在当地人民政府的指导下设立，其日常工作由当地农村土地承包管理部门承担。农村土地承包经营纠纷仲裁不得向当事人收取费用，仲裁工作经费纳入财政预算予以保障。

➡➡ 国际商事纠纷的首选方式

仲裁具有国际执行性，是国际商事纠纷的首选解决方式。1958 年 6 月 10 日在纽约召开的联合国国际商业仲裁会议上签署的《承认及执行外国仲裁裁决公约》（又称《纽约公约》）是专门规范外国仲裁裁决的承认和仲裁条款的执行问题的国际公约，仲裁可以在缔约国之间得到承认和执行。截至 2022 年 4 月，《纽约公约》的缔约国为 169 个。我国于 1987 年加入该公约，即我国仲裁机构做出的仲裁裁决能够在这 169 个缔约国得到承认和执行，这是法院判决无法比拟的。

中国国际经济贸易仲裁委员会和中国海事仲裁委员会是中国最为著名的常设仲裁机构。在实践中，北京仲裁委员会（北京国际仲裁中心）、上海国际经济贸易仲裁委员会（上海国际仲裁中心）、深圳国际仲裁院（深圳仲裁

委员会)、武汉仲裁委员会、广州仲裁委员会、上海仲裁委员会等仲裁机构,都在国内外当事人的自愿选择下取得了涉外商事仲裁案件的管辖权。

▶▶ 公证:通过证明活动预防纠纷

➡➡ 公证机构管哪些事?

我们通常可以在慈善晚会现场、各种比赛现场、投票选举等活动现场看到某公证处的两名公证员参与现场监督,对现场拍卖环节、捐款环节、比赛流程、选举程序等进行严格的监督,宣读公证证词,并宣布公证结果。现场监督公证是公证机构的一项重要公证业务,一般由活动的主办方向公证处提出申请,公证机构派遣公证员进行现场监督公证。现场监督公证通过对公证对象依法进行审查和监督,确认和促使社会关系主体按照预定的程序、规则举办活动,在发挥证明作用的同时,调控、监督社会行为。除了现场监督公证这类活动外,还有哪些公证活动,它们又能发挥怎样的功能呢?

"多设一家公证机构,就可少设一家法院。"这句法律谚语表明公证制度具有预防纠纷、减少诉讼发生的作用。公证是通过证明的形式,规范人与人之间的关系,调节民

168

事法律秩序的一项法律活动,它被认为是预防矛盾纠纷的第一道防线。《中华人民共和国公证法》第二条规定:"公证是公证机构根据自然人、法人或者其他组织的申请,依照法定程序对民事法律行为、有法律意义的事实和文书的真实性、合法性予以证明的活动。"简单地说,公证机构出具的公证书能证明相关行为、事实和文书的真实性、合法性,对申请人的法律活动提供规范性指引,帮助社会主体间实现稳定有序的法律互动、和谐融洽的法律关系。公证揽括的事项很广:合同;继承;委托、声明、赠与、遗嘱;财产分割;招标投标、拍卖;婚姻状况、亲属关系、收养关系;出生、生存、死亡、身份、经历、学历、学位、职务、职称、有无违法犯罪记录;公司章程;保全证据;文书上的签名、印鉴、日期,文书的副本、影印本与原本相符;自然人、法人或者其他组织自愿申请办理的其他公证事项。

➡➡ 公证员是"办证官员"?

公证是一项实践性较强的法律业务。为了有效预防纠纷发生,公证员对每一个具体行为的认定、出具的每一份法律文书,都应该真实合法,这样才能保证经公证的民事法律行为、有法律意义的事实和文书,成为认定事实的

根据。从事此项工作的公证员应该具备精熟的法律知识、娴熟的工作技巧、融贯的思维方式和丰富的实务经验。他们是专业的法律执业者，普通人难以胜任这项工作，也不具备基本的资格。根据《中华人民共和国公证法》第十八条、第十九条的规定，公证员需要通过国家统一法律职业资格考试取得法律职业资格，还需要在公证机构实习二年以上或者具有三年以上其他法律职业经历并在公证机构实习一年以上，经考核合格。从事法学教学、研究工作，具有高级职称的人员，或者具有本科以上学历，从事审判、检察、法制工作、法律服务满十年的公务员、律师，已经离开原工作岗位，经考核合格的，也可以担任公证员。

公证员虽然是具备专业法律知识的专门人才，但并不是"办证官员"。公证机构不能变知识为权力，用权力思维主导服务工作。2017年召开的全国司法体制改革推进会强调"要加快推进行政体制公证机构转为事业体制公证机构"。同年7月，司法部会同中央编办、财政部、人力资源社会保障部印发了《关于推进公证体制改革机制创新工作的意见》，提出建立与市场经济体制相适应、按市场规律和自律机制运行的公证机构，进一步增强公证工作活力。

习近平总书记主持召开中央全面深化改革委员会第十八次会议强调，法治建设既要抓末端、治已病，更要抓前端、治未病。要坚持和发展新时代"枫桥经验"，把非诉讼纠纷解决机制挺在前面，推动更多法治力量向引导和疏导端用力，加强矛盾纠纷源头预防、前端化解、关口把控，完善预防性法律制度，从源头上减少诉讼增量。公证制度是重要的预防性司法制度，公证体制改革的持续推进，有利于提高公证质量和公证公信力，更好地实现矛盾纠纷源头预防、减少诉讼发生的功能。

▶▶ 公司法务：法律人的商业价值

➡➡ 公司法务是多余成本吗？

公司法务、企业法律顾问、内部律师……无论使用何种称谓，一个在公司内部从事法律事务的职业群体在悄然壮大。2014年，国务院公布取消企业法律顾问准入类职业资格，企业法律顾问不再是企业内部专业人员，而是企业聘请的提供法律顾问服务的执业律师，具有独立性，按照其与企业签订的顾问合同提供服务。公司法务专职服务于公司，识别并防范公司业务存在的法律风险，需要遵守公司的规章制度。伴随着中国市场经济和法治建设

的推进，公司法务逐渐成为公司运营与管理中的热门词语。

按照传统的理解，公司法务在性质上被打上了"成本"的标签，在专业角度上也被给予了较低评价。公司中的法务部门是业务部门的支持部门，仅在签订合同（"审合同"）和出现纠纷（"打官司"）时才出现。签订合同时，公司法务要考察项目的合法性、审核合同条款、评估风险和预测责任大小。对于急于签约的业务人员来讲，公司法务所做的事情是一种"阻碍签约"的行为。通常，公司会聘请外部律师团队来完成直接与营收相关的法律服务，如公司上市、投资并购协议等知识壁垒高、工作量大的任务。在这些任务的处理中，法务部门主要承担沟通协调职能，有时会被误认为无足轻重或者是多余的成本。这无疑是片面的。

在市场经济条件下，任何一家公司的经营行为都不能脱离法律框架，公司面临的经营风险归根结底也都是法律风险和法律问题。公司法务不是多余成本。公司所有的经济活动、经济行为和经济往来都需要依法依规展开，公司的法律事务在经营中具有无可替代的作用和地位，这就要求公司法务运用自身的专业知识、专业能力为公司的高效有序运营提供法律支持。

➡➡ 公司法务是互联网时代企业的制胜武器

中央企业推行法制央企建设工作,健全法律风险防范机制,将法律审核嵌入重大决策。同时,大量企业摸索法务部门的定位和工作流程,为中国在世界范围内打造"中国品牌"筑立法律的防护墙。另外,公司法务与律师业的快速发展相互支持,合力推动了整个中国法律服务市场进入新的历史阶段。公司法务不再是企业的"消防员",而成为企业的"保健医生",在确保企业远离风险的同时,实现增值经营。公司法务的职责和定位发生了根本变化,确立了三大核心价值:风险控制、竞争超越和增值经营。

第一,风险控制的目标是将企业可能遭遇的风险控制在可以接受的范围内,避免重大风险给企业造成严重损失。法律风险是企业面临的最重要风险之一,企业要对可能的风险进行有效控制,就应该以法律风险为基础和切入点,建立全面的风险控制体系。第二,竞争超越主要体现在现代公司法务要全面参与企业的竞争战略制定、决策和执行,通过各种有效的法律手段提高企业的竞争力,重新划分市场,为企业争取商业先机。苹果与三星电子的专利纠纷始于 2011 年。当时,苹果起诉三星,称

有 5 款于 2010 年到 2011 年间出售的三星手机侵犯了苹果的三项设计专利,以及捏缩放功能、反弹滚动效果两项实用专利。三星次年承认侵犯了苹果公司的专利,但双方就赔款金额一直未能达成一致。2018 年 5 月,法院裁决三星电子向苹果支付 5.39 亿美元。三星对相关判决表示不满,坚持上诉。后因双方达成和解,三星已撤销了相关上诉。苹果公司通过"专利战争"与老牌竞争对手重新划分了市场,夯实了其在高端智能手机市场上的主导地位。第三,公司法务不仅要精通法律,而且还要熟悉商务运作,要有经营的概念和商业的头脑,能够通过法务手段为企业降低经营成本,甚至直接创造利润,实现增值经营。

互联网时代,公司法务的发展面临新的挑战和机遇。互联网时代企业开拓新业务的频率远高于传统行业公司,其产品或者服务经常以周其至以日为周期进行迭代。2011 年 1 月,微信第 1.0 版"能发照片的免费短信"发布;2011 年 5 月,微信推出了第 2.0 版"微信语音对讲功能";2011 年 12 月,微信 3.5 版推出了二维码;2012 年 4 月,微信推出了第 4.0 版,创建了"朋友圈"。如今,微信成为最受青睐的手机通信软件之一。这种产品或者服务的迅速迭代,必然要求公司法务要更早、更及时地介入创新的合规评审环节,扮演越来越重要的角色。

除了产品或者服务的迭代之外，互联网时代企业的创新性带来了很多法律前沿问题。新业务、新产品的商业逻辑（特定细分领域或者特定市场方面的竞争）是全新的，往往法律规范也是空白的，需要重新搭建法律架构。新的行业、新的商业模式给公司法务带来了自我提升和发展的最佳契机。

伴随经济全球化时代的到来，越来越多的外资企业、跨国企业进入中国市场，公司法务需要充实到企业的经营管理中来。"法"与"商"的战略结合是新时代的主题。不断吸纳精英法律人才，充实到企业的经营管理和运营决策中是互联网时代企业制胜的武器。

法治人才的培养体系

建设法治国家、法治政府、法治社会，实现科学立法、严格执法、公正司法、全民守法，都离不开一支高素质的法治工作队伍。法治人才培养上不去，法治领域不能人才辈出，全面依法治国就不可能做好。

——习近平

"徒法不能以自行"，法治人才的培养对于法律施行至关重要。我国法治人才培养已经形成完备的学历体系和课程体系，并在实践中不断探索、总结和发展。在法学院校中，人们耳熟能详的"五院四系"是其中的杰出代表，具有丰富的人才培养经验和成就。法律职业具有典型的"先苦后甜"特征，卓越法治人才是就业市场的"香饽饽"，有着强大的竞争力和良好的发展前景。

▶▶ 法学教育体系及前景

➡➡ 法学学历、学位设置

我国法学高等教育分为本科和研究生两种学历。大学本科是高等教育的基本组成部分,本科学历主要分为全日制本科和非全日制本科两种。全日制法学本科生在学校学习,基本学制为 4 年。根据教育部《2021 年全国教育事业统计主要结果》的数据,2021 年,全国共有高等学校 3 012 所,其中,普通本科学校 1 238 所,本科层次职业学校 32 所。在这其中,开设全日制法学本科专业的院校有 635 所。非全日制本科分为自考、成人高考、网络教育、开放教育等多种类型,学习方式多种多样,没有固定修业年限,修完所有课程、通过毕业论文答辩即可毕业。

研究生也是高等教育的重要组成部分,一般由拥有硕士点、博士点的普通高等学校或者科研机构招收与培养。研究生学历包括全日制研究生和非全日制研究生两种,有硕士、博士两个层次,分为学术型、专业型两种。学术型研究生一般按二级学科设立,以学术研究为导向,偏重理论研究;专业型研究生则培养具有扎实理论基础并适应行业或者职业工作的应用型高层次专门人才。硕士

177

研究生的基本学制为 2～3 年,博士研究生的基本学制为 3～4 年。目前我国仅有学术型的法学博士研究生。国务院学位委员会、教育部 2020 年 9 月印发的《专业学位研究生教育发展方案(2020—2025)》,提出设置博士专业学位,其中包括律师职业领域。2021 年 12 月,国务院学位委员会办公室发布《博士、硕士学位授予和人才培养学科专业目录(征求意见稿)》,其中有法律博士专业学位。因此,预期即将设立专业型的法律博士研究生。

法学本科生由普通高等学校招生,按照全国统一考试录取,学生在规定年限修满毕业所需课程学分,并完成本科毕业论文,便可授予法学学士学位。硕士研究生通过应届本科毕业生的推荐免试或者参加国家统一组织的入学考试,并通过高校或者科研机构组织的面试,录取后获得研究生学籍。其中,法律硕士研究生入学考试的所有科目,由教育部统一命题;法学硕士研究生入学考试的政治、英语由教育部统一命题,专业课一般由高校或者科研机构组织命题。博士研究生的选拔,可以采取考试选拔制,由高校或者科研机构组织命题考试;也可以采取硕博连读制或者申请审核制,由在读或者毕业硕士研究生书面申请,高校或者科研机构组织面试。研究生在规定学制时间内,课程学习达到规定学分,学位论文通过答辩,并满足学校规定的其他条件,便可授予相应学位。法学学位包括法学学士、法学硕士、法学博士、法律硕士(法学、非法学),未来还有法律博士。法学高等教育学位分类见表1。

表 1　　　　　　　　法学高等教育学位分类

学位	基本学制	简述
法学学士	四年	法学本科学位,课程内容以法学基本知识为主
法学硕士	两年或者三年	法学学术学位,供法学或者其他专业本科毕业生修读,偏重理论研究
法学博士	三年或者四年	法学学术学位,供法学或者其他专业硕士毕业生修读,偏重理论研究
法律硕士(法学)	两年或者三年	法律专业学位,专供法学本科毕业生修读,课程内容以法律实务为主
法律硕士(非法学)	两年或者三年	法律专业学位,专供法学专业之外的其他专业本科毕业生修读,课程内容以法律实务为主
法律博士	待定	法律专业学位,即将开设,以培养法治实践领域的专家型人才为目标

➡➡ **学科发展与教育体系更新**

　　法学硕士、博士研究生的招生、培养和学位授予,都按法学二级学科分专业进行。目前,法学一级学科之下,

一般设置法学理论、法律史、宪法学与行政法学、刑法学、民商法学、诉讼法学、经济法学、社会法学（劳动与社会保障法学）、环境与资源保护法学、国际法学、军事法学等二级学科。随着法学学术的发展，其学科体系也随之变化，高校自主设置了一些法学二级学科，如人权法学、知识产权法学、党内法规学、监察法学（纪检监察学）、社会治理法学、数字法学等。

人权法学以国际、国内人权法律制度及其实践为研究对象，观察、分析人权发展规律。一方面，总结我国人权发展的成功经验，推进人权理论和制度创新，发展符合中国实际、具有中国特色、体现人类社会发展规律的社会主义人权话语体系；另一方面，讲好中国人权故事，破除西方人权话语霸权，为国际人权舆论斗争提供理论支持，参与制定国际人权规则。在这种需求下，国内不少高校设置了人权法学的硕士、博士点。西南政法大学自2016 年开始招收人权法学的硕士、博士研究生，并于2022 年成立了人权学院。

知识产权法学本来是民法学的分支学科。中国的知识产权法律制度意在激发社会创新活力，建设国家现代化经济体系，推动经济发展格局。而在逆全球化潮流下，以知识产权为借口打击科技竞争对手、实施不正当竞争政策的现象频发,涉外知识产权越来越成为国际竞争、国际关系的焦点。近30年来,知识产权问题的重要性不断凸显,众多高校独立设置知识产权法学二级学科,例如,中南财经政法大学于2004年成立知识产权学院,自2006年开始招收知识产权法学的硕士、博士研究生。

党的十八大以来,用法治思维和法治方式从严治党,党内法规建设取得历史性成就,依规治党得到历史性发展,形成了比较完善的党内法规体系。同时,党内自上而下建立起党内法规工作组织体系、制度体系和专门工作队伍,党内法规规划、制定、解释、清理、备案审查、评估工作同步推进。一些高校在法学一级学科下设置独立的党内法规学二级学科,例如,武汉大学2017年开始招收党内法规学的硕士、博士研究生。

纪检监察实践对法学教育提出了新要求,不少高校开始设立监察法学二级学科。在2021年12月国务院学位委员会办公室发布的《博士、硕士学位授予和人才培养学科专业目录(征求意见稿)》中,纪检监察学更是成为法学门类下的二级学科设置。中南财经政法大学于2021年12月设立了纪检监察学二级学科。

社会治理法学、数字法学等交叉学科发展前景可期。随着国家和社会治理广泛纳入全面依法治国范畴,社会治理作为带有政治性、政策性的法治实践领域,已经从过去的社会管制发展到社会管理,再到共治共建共享的社会治理,其经验不断被总结,并反映到学科建设方面。社会治理人才需要通晓公共服务、纠纷调解、社会治安、公共安全等多方面事务,需要懂社会、懂法治、懂科技、懂政策、懂政治。为适应这种法学教育要求,中南财经政法大学于 2013 年自主设置社会治理法学二级学科,招收硕士、博士研究生。

随着互联网、移动通信、人工智能、区块链、物联网、大数据等数字信息技术的迅猛发展,当今社会已经步入数字化时代。数据的收集、存储、加工、使用、处理、垄断和竞争等都与法律息息相关,数据关系本身也成为法律调整的对象。法律作为维系社会运行的重要制度,亦不可避免地受到数字化浪潮的冲击。法学在多个维度上与推动社会数字化发展的各种技术相互交织,数字法学成为回应数字化时代法学学科建设的增长点。中国政法大学自 2022 年开始招收数字法学的硕士、博士研究生。

领域法学可能成为未来法学学科发展和法学教育改

革的方向。由于部门法划分的局限,以调整对象和调整方法为划分标准的部门法学科体系日益受到挑战;同时,我国很多立法基于行业领域实践,承载着行业领域的规制使命,不同的部门法规范均指向统一的行业目标,在行业领域体现"诸法合一"。这些都是领域法学兴起的有利因素。领域法学以行业领域为单位,跨越部门法体系,构建跨部门的领域法,开辟新的生长空间。领域法学以问题为导向,以特定经济社会领域全部与法律有关的现象为研究对象,融合不同部门法学的研究的方法,可能建立交叉性、开放性和整合性的分支学科体系。领域法学通过经验研究的方法观察行业领域的实质利益关系、社会要素,可以与部门法学的规范研究方法互补。财税法学、金融法学、会计法学、教育法学、卫生法学、计量法学、传媒法学、互联网法学、海洋法学等,都可能成为重要的领域法学学科。目前,一些行业特色院校设有这类学科。

▶▶ 法学院校概览

➡➡ "五院四系"

"五院四系"是五所政法院校和四所大学法律系的简称。"五院"即北京政法学院(现中国政法大学)、西南政

法学院(现西南政法大学)、华东政法学院(现华东政法大学)、中南政法学院(现中南财经政法大学)、西北政法学院(现西北政法大学),"四系"即北京大学法律系、中国人民大学法律系、吉林大学法律系、武汉大学法律系。"五院"至今都发展为多学科的政法类大学,"四系"均已改为法学院,成为所在大学的重量级学院。"五院四系"在中国法学教育界有着重要地位,对中国法治建设有着重大影响。

中国政法大学前身是 1952 年由北京大学、清华大学、燕京大学、辅仁大学四校的法学、政治学、社会学等学科组合而成的北京政法学院。1960 年成为国家确定的全国重点高校;"文化大革命"中学校停办,1978 年复办。1983 年,北京政法学院与中央政法干校合并,组建成立中国政法大学。中国政法大学直属于教育部,是"211 工程"重点建设大学、"985 工程"优势学科创新平台、"2011 计划"、"111 计划"和卓越法律人才教育培养计划建设高校。现有教育部哲学社会科学实验室 1 个(数据法治研究院),国家高端智库培育单位、国家人权教育与培训基地 1 个(人权研究院),教育部人文社会科学重点研究基地 2 个(诉讼法学研究院、法律史学研究院),教育部重点实验室 1 个（证据科学研究院），北京市哲学社会科学研究基地、教育部青少年法制教育基地、教育部教师法治教育研究中心、北京教育法治研究基地 1 个（法治政府研究院），教育部全国高等院校古籍整理研究工作委员会直接联系单位 1 个（法律古籍整理研究所），与最高人民检察院等省部级以上国家机关共建高层次研究基地 9 个。学校中欧法学院是中欧双方在法学教育领域最大的合作项目。学校与美国圣路易斯华盛顿大学合作举办国际法专业双硕士学位项目。法学入选"双一流"建设学科名单，法学一级学科为国家重点学科。

西南政法大学前身为 1950 年创建的西南人民革命大学。1953 年，以西南人民革命大学政法系为基础成立西南政法学院。1978 年，学校被国务院确定为全国重点大学；1993 年，学校被国务院学位委员会批准为博士学位授权单位；1995 年，学校更名为西南政法大学；2003 年，学校被国务院学位委员会批准为全国首批法学一级学科博士学位授权单位；2012 年，学校成为首批卓越法律人才教育培养基地，并且成为教育部和重庆市人民政府共建高校；2017 年，在教育部第四轮学科评估中，法学是重庆市唯一入围 A 级的学科。学校拥有国家高端智库建设培

育单位（人权研究院）、教育部国别与区域研究中心、中国
法学会法治研究基地，与最高人民法院、最高人民检察
院、自然资源部、文化和旅游部、审计署等单位协同共建
研究基地及省部级"2011 协同创新中心"、人文社会科学
重点研究基地、重庆市新型智库、重庆市科普基地等。学
校现有英国考文垂大学法学本科教育、美国凯斯西储大
学法律硕士两个中外合作办学项目。经济法学和诉讼法
学是国家重点学科，法学为重庆市"十四五"重点学科、重
庆市一流学科。

华东政法大学原名华东政法学院。1952 年由圣约翰
大学、复旦大学、南京大学、东吴大学、厦门大学、沪江大
学、安徽大学、上海学院、震旦大学等 9 所院校的法律系、
政治系和社会系合并成立。1958 年，学校并入上海社会
科学院；几经波折，于 1979 年复校。2007 年，学校更名为
华东政法大学。学校是上海市管理的高校。学校入选国
家建设高水平大学公派研究生项目、国家"特色重点学科
项目"、教育部人才培养模式创新实验区、卓越法律人才
教育培养计划、国家级大学生创新创业训练计划、全国毕
业生就业典型经验高校。拥有最高人民法院自贸区司法
研究基地、最高人民检察院检察基础理论研究基地、上海

市教育立法咨询与服务研究基地、上海市卓越法律人才培养基地。学校拥有上海市社会科学创新研究基地2个、上海市普通高校人文社会科学重点研究基地3个、上海市高校知识服务平台1个、上海市法学重点研究基地2个。学校有2个中外合作办学项目，2012年获得接收中国政府奖学金来华留学生的资格，2014年成为接收"中国政府卓越奖学金"留学生的高校。法律史是国家重点学科，法学是上海市一流学科。

中南财经政法大学前身是1948年创办的中原大学。1953年，中南六省的财经、政法教育资源得到整合，分别成立了中南财经学院和中南政法学院。1958年，中南财经学院、中南政法学院及中南政法干校、武汉大学法律系合并成为湖北大学。几经变迁，学校于1978年更名为湖北财经学院，恢复招生。1984年，学校恢复重建中南政法学院。2000年，中南财经大学、中南政法学院合并，组建成新的中南财经政法大学。学校直属于教育部，是"211工程"重点建设大学，"985工程"优势学科创新平台、"111计划"、卓越法律人才教育培养计划建设高校。学校拥有国家级法学实验教学中心、教育部人文社会科学重点研究基地（知识产权研究中心）、"111基地"2个（新时代科

技革命与知识产权学科创新引智基地、司法鉴定技术应用与社会治理学科创新引智基地）、教育部创新团队（社会治理法治建设）、国家保护知识产权工作研究基地、国家知识产权战略实施研究基地、国家知识产权培训（湖北）基地、中国法学会法治研究基地，拥有最高人民法院、最高人民检察院、国家版权局、国家知识产权局等研究基地10多个。学校与罗马第一大学共建"法与经济学院"，开设"欧洲学：比较法与欧洲法""法与经济学""认知法庭科学"中外合作办学硕士项目。学校招收中国政府奖学金"一带一路"知识产权硕士，面向留学生开设中国法硕士点。法学入选"双一流"建设学科名单，是湖北省重点学科，民商法学是国家重点学科。

西北政法大学前身是1937年在延安创办的陕北公学。历经延安大学、西北人民革命大学、西北政法干部学校、中央政法干部学校西北分校等时期，1958年，西北大学法律系成建制调入，组建西安政法学院，后更名为西北政法学院、西北政法大学。学校是国家首批卓越法律人才教育培养计划建设高校，法学人才培养模式创新实验区是国家级创新实验区，法学实验实训中心为首批国家级实验教学示范中心。人权研究中心为国家人权教育与培训基地,与最高人民检察院共建国家级检察公益诉讼研究中心,与教育部合作共建教育立法研究基地,现有2个省级哲学社会科学重点研究基地、5个陕西(高校)哲学社会科学重点研究基地、2个陕西省教育系统"2011协同创新中心"。学校设有中国法学会"丝绸之路区域合作与发展法律研究院"和"中国—亚欧高端法律人才培养基地"、教育部"区域与国别研究中心——中南亚研究中心"等高水平研究机构。法学是陕西省一流建设学科。

北京大学法学院成立于1999年,北京大学法律学科发轫于1904年。自改革开放以来,北京大学法学院取得了飞速发展,始终走在全国法学院校的前列,为创建世界一流法学院打下了坚实的基础。学院已与近百所世界顶尖大学的法学院建立了紧密的联系,并在欧美多个著名法学院设立联合研究机构。拥有经济法学、法理学、宪法与行政法学、刑法学四个国家重点学科,法学一级学科为国家重点学科。2017年入选"双一流"建设学科名单。

中国人民大学法学院的前身法律系成立于1950年,是中华人民共和国成立后创立的第一所正规的高等法学教育机构,传承了1937年诞生于抗日战争烽火中的陕北公学,以及后来的华北联合大学和华北大学的红色血脉。学院拥有国家重点一级学科1个(法学)、国家重点二级

学科 4 个,是全国首批法学一级学科博士学位授权单位。学院拥有教育部人文社会科学研究基地 2 个和"985 工程"国家重点创新基地、国家级人权教育和培训基地。学院在 2004 年、2009 年、2012 年、2017 年教育部全国一级学科评估排名中均排名第一或者 A＋;2018 年在全国首次专业学位水平评估中获 A＋级评定。法学入选"双一流"建设学科名单。

吉林大学法学院源于 1948 年创建的东北行政学院司法系。改革开放以来,吉林大学的法学教育和研究事业进入了快速发展时期,已经成为我国法学教育的重镇和法治人才培养的重要基地之一。1988 年,法律系改建为法学院。学院拥有教育部人文社会科学重点研究基地(法学理论)、"985 工程"国家哲学社会科学创新基地、"2011 计划·司法文明协同创新中心"、中国法学会"东北亚高端法律人才培养基地"。学院首批入选卓越法律人才教育培养计划。法律硕士专业学位授权点在全国首次专业学位水平评估中获 A 级评定。法学理论和刑法学为国家重点学科,民商法学为省重点学科。

武汉大学法学院源于 1908 年创办的湖北法政学堂。1979 年武汉大学恢复法律系,1986 年重建法学院。学院是全国首批法学一级学科博士学位授权单位,拥有"985

工程"国家重点创新基地和 2 个教育部人文社会科学研究基地、1 个国家高端智库、2 个教育部"2011 协同创新中心"、1 个国家人权教育与培训基地、1 个国家网络空间国际治理研究基地、1 个最高人民法院环境资源司法理论研究基地、1 个最高人民检察院行政检察研究基地。学院设有面向外国留学生的"比较法与中国法"硕士项目。法学入选"双一流"建设学科名单。

➡➡ 法学学科优势院校

✥✥ 世界一流学科建设学科名单

根据 2017 年 9 月《教育部 财政部 国家发展改革委关于公布世界一流大学和一流学科建设高校及建设学科名单的通知》（教研函〔2017〕2 号），"双一流"建设学科名单中，法学学科有 6 所高校：北京大学、中国人民大学、清华大学、中国政法大学、武汉大学、中南财经政法大学。其中，中南财经政法大学为高校自主确定。在这 6 所高校中，仅有清华大学不属于"五院四系"。

清华大学的法学学科始于 20 世纪初，1952 年全国院系调整时并入其他院校。1995 年 9 月，学校正式恢复建立法律学系；1999 年 4 月，法学院正式复建。法学院目前具有较高的学术水平和较强的科研实力，2017 年入选国

家"双一流"建设学科。法学院高度重视人才培养,强调学术研究与教学并重,理论与实践相结合;同时重视国际交流,已与一批世界一流的法学院开展广泛、深入的合作,收获了较高的国际声誉和国际影响力。设有面向外国留学生的中国法硕士项目。

根据2022年2月《教育部 财政部 国家发展改革委关于公布第二轮"双一流"建设高校及建设学科名单的通知》(教研函〔2022〕1号),第二轮"双一流"建设学科名单中,法学学科有4所高校:中国人民大学、中国政法大学、武汉大学、中南财经政法大学。此外,北京大学、清华大学将自主确定建设学科并自行公布,预计将有法学学科。

❖❖ 法学一级学科博士点

博士是最高级别的学位,标志着一个人具备理论原创能力。博士点则是普通高校和科研机构可以招收博士研究生并经培养合格后授予博士学位的资格,也叫博士授权点、博士学位授权点,需要经国务院学位委员会审核批准。博士点一定程度上可以代表高校的学科水平和高层次人才培养能力。目前,全国法学一级学科博士点共有60个,具体的院校分布见表2。

表 2　　　　全国法学一级学科博士点院校分布

地区	省区市	院校名称
华东地区 （18个）	上海	华东政法大学、复旦大学、上海交通大学、上海财经大学、华东师范大学、同济大学
	江苏	南京大学、南京师范大学、东南大学、苏州大学
	山东	山东大学、中国海洋大学
	安徽	安徽大学
	浙江	浙江大学、浙江工商大学
	福建	厦门大学、福州大学
	江西	江西财经大学
华北地区 （15个）	北京	北京大学、清华大学、中国人民大学、中国政法大学、中国社会科学院（中国社会科学院大学）、对外经济贸易大学、北京航空航天大学、中国人民公安大学、北京师范大学、中共中央党校、北京理工大学
	河北	河北大学
	天津	南开大学、天津大学
	山西	山西大学
中南地区 （13个）	湖北	武汉大学、中南财经政法大学、华中科技大学
	湖南	湖南大学、中南大学、湖南师范大学、湘潭大学
	河南	郑州大学
	广东	中山大学、暨南大学、广东外语外贸大学、华南理工大学
	海南	海南大学

（续表）

地区	省区市	院校名称
西南地区 （6个）	重庆	西南政法大学、重庆大学
	四川	四川大学、西南财经大学
	云南	云南大学
	贵州	贵州大学
东北地区 （4个）	吉林	吉林大学
	辽宁	辽宁大学、大连海事大学
	黑龙江	黑龙江大学
西北地区 （4个）	新疆	新疆大学
	陕西	西安交通大学、国防大学政治学院西安校区
	甘肃	兰州大学

▶▶ 法学本科专业设置及课程体系

➡➡ 法学本科专业设置

在本科专业目录中，法学类（0301）有法学（030101K）、知识产权（030102T）、监狱学（030103T）、信用风险管理与法律防控（030104T）、国际经贸规则（030105T）、司法警察学（030106TK）、社区矫正（030107TK）、纪检监察（030108TK）8个专业。

本科专业分为基本专业、特设专业、国家控制布点专业，特设专业在专业代码后加 T 表示，国家控制布点专业在专业代码后加 K 表示。基本专业是学科基础比较成熟、社会需求相对稳定、布点数量相对较多、继承性较好的专业；特设专业是针对不同高校办学特色，或者适应近年来人才培养特殊需求设置的专业；国家控制布点专业分为两类，一是涉及国家安全、特殊行业的专业由国家控制布点，二是开设高校太多，招生规模需要国家控制布点（法学属于这种情况）。基本专业每 5 年调整一次，相对稳定；特设专业处于动态，每年向社会公布。如果发展成熟，就会成为基本专业；如果办不下去，则将退出特设专业名单。

在法学类专业中，法学之外的其他专业都属于特设专业，设立的高校很少，时间也不长。这些专业的主要任务仍然是系统学习法学基础知识和理论，并在相应专业方面进行知识拓展。

知识产权专业培养拥有系统的法学基础知识和理论，具备知识产权管理和实务能力的高端复合型人才。其专业延伸课程主要有知识产权总论、著作权法、专利法、商标法、竞争法、知识产权管理、知识产权文献检索与

应用、人工智能法学原理、知识产权国际保护等。

监狱学专业培养掌握法学基础知识，掌握监狱刑罚学、犯罪心理学等专业知识，具有狱政管理能力的应用型法律专门人才。其专业延伸课程主要有犯罪学、社会学、监狱学、矫正教育学、矫治心理学、狱政管理学、国外矫正制度、狱内侦查学等。

信用风险管理与法律防控专业培养掌握信用风险法律防控专业知识，能够化解信用管理领域法律风险，善于处置经济矛盾纠纷的高端法律管理人才。其专业延伸课程主要有金融投资分析与理财、国际金融学、证券市场法律法规、风险管理、风险投资学、劳动和社会保障法、金融风险管理等。

国际经贸规则专业培养具备扎实的法律知识和执业能力，通晓西方法律制度，精研国际贸易规则，能够处理跨国经贸争端、投资争议、知识产权纠纷的高端经贸法律人才。其专业延伸课程集中于国际法方面，包括国际投资法、自贸区法、世界贸易组织法、国际商事仲裁、世界贸易组织争端解决等。

司法警察学专业培养承担司法场所安全保障、执勤训练、管理教育等方面辅助职能的应用型法律专门人才。其专业延伸课程主要有警卫勤务学、警卫战术学、警卫指挥学、部队管理科学基础、劳动教养学、审讯学等。

社区矫正专业培养从事社区矫正、监狱、司法行政、公安等基层执法工作的应用型法律专门人才。其专业延伸课程主要有社区矫正原理、社区矫正个案分析、犯罪学、监狱学、社区服刑人员行刑与管理、罪犯教育学、社区管理学等。

纪检监察专业培养既熟悉法学专业基础知识，又具备纪检监察理论知识和实践能力的复合型、职业型、创新型专门人才。其专业延伸课程主要有纪检监察概论、中国共产党纪律学、监察法学、比较监督学等。

➡➡ 法学本科课程体系

下面以中南财经政法大学的法学专业为例来介绍法学本科课程体系。中南财经政法大学设有法学（不分方向）和民商法、涉外法治、政府法治、刑事司法、社会治理6个方向，还设有知识产权、卓越法治人才实验班、国际法实验班、法学（国际班）、法学/经济学（双学位班）、法学（国际学生）等专业或者方向。不同专业或者方向的课程

体系侧重有所不同,但比较尊重学生的自由选择。中南财经政法大学法学专业(方向)课程体系见表3。

表3　　中南财经政法大学法学专业(方向)课程体系

课程模块	课程名称
通识教育	思想道德与法治、中国近现代史纲要、马克思主义基本原理、毛泽东思想和中国特色社会主义理论体系概论、形势与政策、大学英语、大数据分析导论、人工智能与数据处理基础、军事理论
大类平台必修课	法理学、民法学总论、宪法学、法律职业伦理、刑法学、中国法律史、债法总论、刑事诉讼法学、国际法学(双语)、习近平法治思想概论
大类平台选修课	逻辑学、专题:法学文献与检索、阅读指导、法学专业就业指导、外国法制史、中国法律思想史、西方法律思想史、法律社会学、法学方法论、票据法(双语)、法律文书、房地产法学、竞争法学、劳动合同法学、中国区际冲突法理论与实务、仲裁法学、国际经贸实务(双语)、地方治理与行政区划、法律诊所、国际人权法学(双语)、国际商法学(双语)、涉外投资法律与实务(双语)、国际关系与对外经济政策、国际民商事程序法、国际商事仲裁理论与实务、海洋法与中国海洋政策、欧盟法学(双语)、国际组织法(双语)、国际商事争议解决实务、外层空间法与模拟法庭(双语)、条约理论与实务、比较宪法学、行政管理学、犯罪学、外国刑法学、经济刑法、行政刑法、国际刑法学、刑事案例演习、刑事执行法学、当代中国法治、医事刑法、大数据与刑法、刑事监察法学、区域刑法学、海商法学(双语)、知识产权总论、网络知识产权保护

（续表）

课程模块	课程名称
专业方向 必修课 （法学）	民事诉讼法学、行政法与行政诉讼法学、经济法学、商法学、国际私法学（双语）、国际经济法学（双语）、环境法学、证据法学、物权法学
专业方向 选修课 （法学）	知识产权法学、劳动与社会保障法学、财税法学、经济法学案例研习、海商法学案例研习、罗马法基础、比较法总论、立法学、国家赔偿法学、保险法学、公司法学、破产法学、票据法学、担保法学、婚姻家庭与继承法学、律师学学、涉外经贸争端解决法律与实务（双语）、犯罪心理学、法律英语、公务员法学、疑难案例中的法律论证、合同法学（分论）、法学论文写作、审判逻辑学、现代西方法哲学、消费者保护法学、信托法学、公平交易法学、社会保险法学、自然资源法学、国际人权法学
专业方向 必修课 （民商法）	民事诉讼法学、行政法与行政诉讼法学、经济法学、知识产权法学、商法学、物权法学、劳动与社会保障法学
专业方向 选修课 （民商法）	国际私法学（双语）、国际经济法学（双语）、环境法学、财税法学、证据法学、商法学案例研习、罗马法基础、保险法学、公司法学、破产法学、票据法学、金融法学、担保法学、侵权法学、公务员法学、疑难案例中的法律论证、合同法学（分论）、法学论文写作、案例研习实验：物权法学、案例研习实验：债与合同法学（总论）、案例研习实验：合同法学（分论）、银行法学、证券法学、婚姻家庭法学、继承法学、人格权法
专业方向 必修课 （涉外法治）	民事诉讼法学、行政法与行政诉讼法学、国际私法学（双语）、国际经济法学（双语）、经济法学、商法学、财税法学

（续表）

课程模块	课程名称
专业方向选修课（涉外法治）	知识产权法学、环境法学、劳动与社会保障法学、证据法学、物权法学、经济法学案例研习、商法学案例研习、海商法学案例研习、保险法学、公司法学、破产法学、票据法学、金融法学、侵权法学、涉外经贸争端解决法律与实务（双语）、法律英语、公务员法学、疑难案例中的法律论证、合同法学（分论）、法学论文写作、英美法与大陆法（双语）、合同法学（双语）、涉外税法理论与实务（双语）、中国与世界贸易组织法（双语）、国际人道法、国际法中的跨国犯罪、国际法的政治经济学、中国参与国际组织实务、美国知识产权法（英）、知识产权国际保护（英）、国际经济法概论（英）
专业方向必修课（政府法治）	民事诉讼法学、行政法与行政诉讼法学、经济法学、知识产权法学、环境法学、劳动与社会保障法学、财税法学
专业方向选修课（政府法治）	商法学、国际私法学（双语）、国际经济法学（双语）、证据法学、物权法学、比较法总论、立法学、国家赔偿法学、金融法学、担保法学、婚姻家庭与继承法学、侵权法学、律师法学、疑难案例中的法律论证、合同法学（分论）、法学论文写作、宪法学案例研习、行政法与行政诉讼法学案例研习、地方立法、港澳基本法、行政组织法学、监察法学、人权法学、行政救济法学、比较行政法学、公务员法学、中国行政应急法学
专业方向必修课（刑事司法）	民事诉讼法学、行政法与行政诉讼法学、知识产权法学、商法学、环境法学、劳动与社会保障法学、证据法学、财税法学

（续表）

课程模块	课程名称
专业方向选修课（刑事司法）	经济法学、国际私法学(双语)、国际经济法学(双语)、物权法学、国家赔偿法学、金融法学、婚姻家庭与继承法学、侵权法学、犯罪心理学、公务员法学、疑难案例中的法律论证、合同法学(分论)、法学论文写作、案例研习实验；刑法学、侦查学、物证技术学、治安学、证券法学、公司法学、破产法学、法律英语、国际法中的跨国犯罪、担保法学、律师学、监察法学、网络犯罪侦查、刑事图像技术、痕迹检验、法医学、现代科技与犯罪对策、刑事政策学
专业方向必修课（社会治理）	民事诉讼法学、行政法与行政诉讼法学、商法学、环境法学、劳动与社会保障法学、证据法学、财税法学、社会治理法学原理、监察法学、党内法规学
专业方向选修课（社会治理）	经济法学、国际私法学(双语)、国际经济法学(双语)、物权法学、知识产权法学、社会自治法、数据法学、应急管理法学、公共安全危机管理、社会原理、公共管理学、立法学、合同法学(分论)、法学论文写作、犯罪心理学、公务员法学、国家赔偿法学、侵权法学
集中性实践教学环节	思想政治理论课实践、社会实践、军训、学年论文、毕业实习、毕业论文、法律方法应用实验、商事法律实务、诉讼实务、行政法律实务、立法和政策设计实务、涉外法律实务、刑事司法模拟训练
素质教育课程	公共体育、体育专项、大学生心理健康、学术科研创新、创新创业教育实践、美育课程及实践、劳动教育与劳动体验、个人身心职业发展

法学专业的课程体系很容易让外行"发晕",以为要学习的知识和法条太多。其实不然。根据《法学类教学质量国家标准(2021年版)》的要求,法学专业核心课程采取"1+10+X"分类设置模式。"1"指"习近平法治思想概论"课程,"10"指法学专业学生必须完成的10门专业必修课,包括法理学、宪法学、中国法律史、刑法、民法、刑事诉讼法、民事诉讼法、行政法与行政诉讼法、国际法和法律职业伦理。"X"指各院校根据办学特色开设的其他专业必修课,包括经济法、知识产权法、商法、国际私法、国际经济法、环境资源法、劳动与社会保障法、证据法和财税法,"X"选择设置门数原则上不低于5门。其他课程属于专业拓展或者深化,甚至可以在掌握核心课程后由学生自学完成。

▶▶ 法学院毕业生就业前景

➡➡ 法学院毕业生的发展路径

选择研习法学的人,无不对职业前景充满期待。唯有广阔的就业前景,才可以慰藉刻苦努力的专业学习过程。一般来说,法学院的毕业生有以下几条发展路径:

首先是法治专门队伍,包括在人大和政府从事立法工作的人员，在行政机关从事执法工作的人员，在司法机关从事司法工作的人员，也就是立法、执法、司法这三支队伍。法学院毕业生首选的法官、检察官都属于此类，还有选调生、公务员系统招录的岗位，很多都要求法学专业背景。

其次是法律服务队伍，由律师、公证员、司法鉴定人、仲裁员、人民调解员、基层法律服务工作者、公司法务等构成，主要在保障当事人合法权益、维护社会公平正义、开展法制宣传教育、化解社会矛盾纠纷、促进社会和谐稳定等方面发挥重要作用。

最后是法学专家队伍，主要从事法学教育和法学研究工作。他们一般在高校任教，负责法学专业的教学和研究。一般要求博士以上学历，并有一定的科研成果，比较适合对学术研究感兴趣的学生。

以上三类是法学院毕业生常规的就业方向。但实际上，他们可以从事的工作远远不止以上三类，只要你有一双擅长发现的眼睛，还可以开发很多岗位。比如与法学专业相关联的行业：出版社、报社的法学编辑，电视台法制节目制片人，培训机构教师，金融行业的风控专员，等等，还可以结合自己的兴趣和法学学生独有的法治思维

跨专业求职,进入企事业单位或者人力资源服务、互联网等行业。法学对人的培养是全面的,不仅能提高公民素养和法律意识,还能锻炼逻辑思维能力和写作表达能力。所以学习法律以后,理论上可以从事任何你想从事的工作。找到自己的兴趣,应用自己的能力,投身到你热爱的行业,真是人生一大幸事。

➡➡ 法学职业前景评价

时下也有很多流行的职业前景评价指数,比如薪酬诱惑指数、行业壁垒指数、从业幸福指数等,但对于法学职业的评价一直充满着争议。在麦可思公司发布的中国大学生就业报告中,法学连续四年被列为红牌专业,被认为是失业量较大,就业率、薪资和就业满意度综合较低的专业。然而被红牌警告的法学专业在招生中一直保持着较高的热度,很多学校的招生分数逐年增高,似乎并未受到影响。

其实,造成法学专业就业率数据偏低的原因有很多,最重要的是就业门槛比较高。法学毕业生没有就业,很大原因之一是没有通过国家统一法律职业资格考试。国家统一法律职业资格考试是法学毕业生进入职场的必备条件，每年通过率仅为10％～15％，没有通过考试的毕业生很难找到合适的工作。而且，法学院毕业生考公务员的比例较高，进入国家法治队伍要通过公务员考试，竞争也比较激烈。另外，很多企业中较好的岗位对学历有一定的要求，本科毕业生选择继续深造的比例很大，近几年考研的竞争也逐渐白热化。那些暂时没能考上研究生、没有通过国家统一法律职业资格考试、没有考上公务员的毕业生，很多都选择了暂缓就业，专心准备下一次考试，这也直接导致了法学就业率偏低。

实际上法学专业目前的社会需求依然较大，各个行业对法律人才的需求都比较旺盛。以公务员招考为例，在2020年省考各专业招聘人数统计中，法学明显具有压倒性优势。例如，2020年北京市共招3 620人，其中法学专业为1 732人，占47.85％；2020年浙江省共招4 831人，其中法学专业为1 205人，占25.00％，法学专业还是有很大优势的。

特别要说明的一点是，一旦跨过了法学就业初期的艰难，法学专业学生毕业三到五年后的就业率、薪酬、就业满意度就非常高了。这个巨大的反差也充分说明了法学专业值得大家付出努力。

➡➡ 令人心动的 offer

由腾讯视频推出的《令人心动的 offer》是一档职场观察类节目，前两季恰好聚焦律政行业，8 名实习生在带教律师的带领下在一家律师事务所度过一个月的实习生活，竞争两个转正名额。竞争之激烈、考核之严苛令观众直呼学法好难。事实上，法学专业的毕业生想要拿到一份令人满意的 offer 确实不容易。

坚定的理想信念是最重要的。法学专业的学生未来承担着建设社会主义法治国家的重任，必须主动增强"四个意识"，坚定"四个自信"，做到"两个维护"，要有崇高的理想和坚定的信念，坚守职业守则。

扎实的专业知识是不能少的。尽可能考进一所较好的法学院，扎扎实实学习专业知识、进行案例研习，学法学而不仅局限于法学，努力拓展自己的知识领域。

国家统一法律职业资格考试是必须通过的。2018 年以后，国家司法考试改为国家统一法律职业资格考试。不只是律师、法官、检察官、公证员需要通过该考试，从事行政处罚决定审核、行政复议、行政裁决的工作人员，以及法律顾问、法律类仲裁员也需要参加并通过考试。也就是说,几乎所有跟法律相关的工作,国家统一法律职业资格考试都是必须通过的门槛。

广泛的实习实践是很重要的。法学学科是实践性很强的学科,社会实践与专业学习同等重要。要积极争取机会到法学相关的工作岗位上锻炼学习,提高法律实践操作能力,在实践中不断进行人职匹配的检验,为毕业后选择合适的行业打下坚实的基础。

参考文献

[1] 《习近平法治思想概论》编写组. 习近平法治思想概论[M]. 北京:高等教育出版社,2021.

[2] 《法理学》编写组. 法理学. 2 版[M]. 北京:人民出版社、高等教育出版社,2020.

[3] 张文显. 法理学. 5 版[M]. 北京:高等教育出版社,2018.

[4] 陈柏峰. 法理学[M]. 北京:法律出版社,2021.

[5] 朱力宇,叶传星. 立法学. 4 版[M]. 北京:中国人民大学出版社,2015.

[6] 周旺生. 立法学. 2 版[M]. 北京:法律出版社,2009.

[7] 范忠信,陈景良. 中国法制史. 2 版[M]. 北京:北京大学出版社,2010.

[8] 《宪法学》编写组. 宪法学. 2 版[M]. 北京:高等教育出版社,2020.

[9] 林来梵.宪法学讲义.3版[M].北京:清华大学出版社,2018.

[10] 胡锦光,韩大元.中国宪法.4版[M].法律出版社,2018.

[11] 姜明安.行政法与行政诉讼法.7版[M].北京:北京大学出版社、高等教育出版社,2019.

[12] 方世荣.行政法与行政诉讼法学.6版[M].北京:中国政法大学出版社,2019.

[13] 王希鹏.纪检监察学基础[M].北京:中国方正出版社,2021.

[14] 秦前红.监察法学教程[M].北京:法律出版社,2019.

[15] 《刑法学》编写组.刑法学[M].北京:高等教育出版社,2019.

[16] 齐文远.刑法学.3版[M].北京:北京大学出版社,2016.

[17] 梁慧星.民法总论.6版[M].北京:法律出版社,2021.

[18] 王利明,杨立新,王轶,等.民法学.6版[M].北京:法律出版社,2020.

[19] 吴汉东,陈小君.民法学[M].北京:法律出版社,2013.

[20] 徐涤宇.合同法学.3版[M].北京:高等教育出版社,2020.

[21] 吴汉东.知识产权法学.7版[M].北京:北京大学出版社,2019.

[22]《商法学》编写组. 商法学[M]. 北京:高等教育出版社,2019.

[23] 姚莉. 刑事诉讼法学[M]. 北京:中国法制出版社,2012.

[24] 蔡虹. 民事诉讼法学. 4 版[M]. 北京:北京大学出版社,2016.

[25] 肖建国. 仲裁法学[M]. 北京:高等教育出版社,2021.

[26] 马宏俊. 公证法学[M]. 北京:北京大学出版社,2013.

[27] 熊定中. 公司法务:定位、方法与操作[M]. 北京:中国民主法制出版社,2021.

[28] 李昌麒. 经济法学. 3 版[M]. 北京:法律出版社,2016.

[29] 郑功成,等. 社会法总论[M]. 北京:人民出版社,2020.

[30] 吕忠梅. 环境法新视野. 3 版[M]. 北京:中国政法大学出版社,2019.

[31] 周珂,莫菲,徐雅,等. 环境法. 6 版[M]. 北京:中国人民大学出版社,2021.

[32] 梁西. 国际法. 3 版[M]. 武昌:武汉大学出版社,2011.

[33] 刘仁山. 国际私法. 6 版[M]. 北京:中国法制出版社,2019.

[34]《国际经济法学》编写组. 国际经济法学. 2 版[M]. 北京:高等教育出版社,2019.

[35] 徐汉明,等. 社会治理法治研究[M]. 北京:法律出版社,2018.

"走进大学"丛书书目

什么是地质？	殷长春	吉林大学地球探测科学与技术学院教授（作序）
	曾　勇	中国矿业大学资源与地球科学学院教授
		首届国家级普通高校教学名师
	刘志新	中国矿业大学资源与地球科学学院副院长、教授
什么是物理学？	孙　平	山东师范大学物理与电子科学学院教授
	李　健	山东师范大学物理与电子科学学院教授
什么是化学？	陶胜洋	大连理工大学化工学院副院长、教授
	王玉超	大连理工大学化工学院副教授
	张利静	大连理工大学化工学院副教授
什么是数学？	梁　进	同济大学数学科学学院教授
什么是大气科学？	黄建平	中国科学院院士
		国家杰出青年基金获得者
	刘玉芝	兰州大学大气科学学院教授
	张国龙	兰州大学西部生态安全协同创新中心工程师
什么是生物科学？	赵　帅	广西大学亚热带农业生物资源保护与利用国家重点实验室副研究员
	赵心清	上海交通大学微生物代谢国家重点实验室教授
	冯家勋	广西大学亚热带农业生物资源保护与利用国家重点实验室二级教授
什么是地理学？	段玉山	华东师范大学地理科学学院教授
	张佳琦	华东师范大学地理科学学院讲师
什么是机械？	邓宗全	中国工程院院士
		哈尔滨工业大学机电工程学院教授（作序）
	王德伦	大连理工大学机械工程学院教授
		全国机械原理教学研究会理事长
什么是材料？	赵　杰	大连理工大学材料科学与工程学院教授

什么是自动化？ 王　伟　大连理工大学控制科学与工程学院教授
　　　　　　　　　国家杰出青年科学基金获得者（主审）
　　　　　　王宏伟　大连理工大学控制科学与工程学院教授
　　　　　　王　东　大连理工大学控制科学与工程学院教授
　　　　　　夏　浩　大连理工大学控制科学与工程学院院长、教授
什么是计算机？ 嵩　天　北京理工大学网络空间安全学院副院长、教授
什么是土木工程？
　　　　　　李宏男　大连理工大学土木工程学院教授
　　　　　　　　　国家杰出青年科学基金获得者
什么是水利？ 张　弛　大连理工大学建设工程学部部长、教授
　　　　　　　　　国家杰出青年科学基金获得者
什么是化学工程？
　　　　　　贺高红　大连理工大学化工学院教授
　　　　　　　　　国家杰出青年科学基金获得者
　　　　　　李祥村　大连理工大学化工学院副教授
什么是矿业？ 万志军　中国矿业大学矿业工程学院副院长、教授
　　　　　　　　　入选教育部“新世纪优秀人才支持计划”
什么是纺织？ 伏广伟　中国纺织工程学会理事长（作序）
　　　　　　郑来久　大连工业大学纺织与材料工程学院二级教授
什么是轻工？ 石　碧　中国工程院院士
　　　　　　　　　四川大学轻纺与食品学院教授（作序）
　　　　　　平清伟　大连工业大学轻工与化学工程学院教授
什么是交通运输？
　　　　　　赵胜川　大连理工大学交通运输学院教授
　　　　　　　　　日本东京大学工学部 Fellow
什么是海洋工程？
　　　　　　柳淑学　大连理工大学水利工程学院研究员
　　　　　　　　　入选教育部“新世纪优秀人才支持计划”
　　　　　　李金宣　大连理工大学水利工程学院副教授
什么是航空航天？
　　　　　　万志强　北京航空航天大学航空科学与工程学院副院长、教授
　　　　　　杨　超　北京航空航天大学航空科学与工程学院教授
　　　　　　　　　入选教育部“新世纪优秀人才支持计划”
什么是食品科学与工程？
　　　　　　朱蓓薇　中国工程院院士
　　　　　　　　　大连工业大学食品学院教授

什么是生物医学工程？
　　　　　　　　万遂人　东南大学生物科学与医学工程学院教授
　　　　　　　　　　　　中国生物医学工程学会副理事长（作序）
　　　　　　　　邱天爽　大连理工大学生物医学工程学院教授
　　　　　　　　刘　蓉　大连理工大学生物医学工程学院副教授
　　　　　　　　齐莉萍　大连理工大学生物医学工程学院副教授
什么是建筑？　　齐　康　中国科学院院士
　　　　　　　　　　　　东南大学建筑研究所所长、教授（作序）
　　　　　　　　唐　建　大连理工大学建筑与艺术学院院长、教授
什么是生物工程？贾凌云　大连理工大学生物工程学院院长、教授
　　　　　　　　　　　　入选教育部"新世纪优秀人才支持计划"
　　　　　　　　袁文杰　大连理工大学生物工程学院副院长、副教授
什么是哲学？　　林德宏　南京大学哲学系教授
　　　　　　　　　　　　南京大学人文社会科学荣誉资深教授
　　　　　　　　刘　鹏　南京大学哲学系副主任、副教授
什么是经济学？　原毅军　大连理工大学经济管理学院教授
什么是社会学？　张建明　中国人民大学党委原常务副书记、教授（作序）
　　　　　　　　陈劲松　中国人民大学社会与人口学院教授
　　　　　　　　仲婧然　中国人民大学社会与人口学院博士研究生
　　　　　　　　陈含章　中国人民大学社会与人口学院硕士研究生
什么是民族学？　南文渊　大连民族大学东北少数民族研究院教授
什么是公安学？　靳高风　中国人民公安大学犯罪学学院院长、教授
　　　　　　　　李姝音　中国人民公安大学犯罪学学院副教授
什么是法学？　　陈柏峰　中南财经政法大学法学院院长、教授
　　　　　　　　　　　　第九届"全国杰出青年法学家"
什么是教育学？　孙阳春　大连理工大学高等教育研究院教授
　　　　　　　　林　杰　大连理工大学高等教育研究院副教授
什么是体育学？　于素梅　中国教育科学研究院体卫艺教育研究所副所长、研究员
　　　　　　　　王昌友　怀化学院体育与健康学院副教授
什么是心理学？　李　焰　清华大学学生心理发展指导中心主任、教授（主审）
　　　　　　　　于　晶　曾任辽宁师范大学教育学院教授
什么是中国语言文学？
　　　　　　　　赵小琪　广东培正学院人文学院特聘教授
　　　　　　　　　　　　武汉大学文学院教授
　　　　　　　　谭元亨　华南理工大学新闻与传播学院二级教授
什么是历史学？　张耕华　华东师范大学历史学系教授

什么是林学？	张凌云	北京林业大学林学院教授
	张新娜	北京林业大学林学院讲师
什么是动物医学？	陈启军	沈阳农业大学校长、教授
		国家杰出青年科学基金获得者
		"新世纪百千万人才工程"国家级人选
	高维凡	曾任沈阳农业大学动物科学与医学学院副教授
	吴长德	沈阳农业大学动物科学与医学学院教授
	姜 宁	沈阳农业大学动物科学与医学学院教授
什么是农学？	陈温福	中国工程院院士
		沈阳农业大学农学院教授（主审）
	于海秋	沈阳农业大学农学院院长、教授
	周宇飞	沈阳农业大学农学院副教授
	徐正进	沈阳农业大学农学院教授
什么是医学？	任守双	哈尔滨医科大学马克思主义学院教授
什么是中医学？	贾春华	北京中医药大学中医学院教授
	李 湛	北京中医药大学岐黄国医班（九年制）博士研究生
什么是公共卫生与预防医学？		
	刘剑君	中国疾病预防控制中心副主任、研究生院执行院长
	刘 珏	北京大学公共卫生学院研究员
	么鸿雁	中国疾病预防控制中心研究员
	张 晖	全国科学技术名词审定委员会事务中心副主任
什么是护理学？	姜安丽	海军军医大学护理学院教授
	周兰姝	海军军医大学护理学院教授
	刘 霖	海军军医大学护理学院副教授
什么是管理学？	齐丽云	大连理工大学经济管理学院副教授
	汪克夷	大连理工大学经济管理学院教授
什么是图书情报与档案管理？		
	李 刚	南京大学信息管理学院教授
什么是电子商务？	李 琪	西安交通大学电子商务专业教授
	彭丽芳	厦门大学管理学院教授
什么是工业工程？	郑 力	清华大学副校长、教授（作序）
	周德群	南京航空航天大学经济与管理学院院长、教授
	欧阳林寒	南京航空航天大学经济与管理学院副教授
什么是艺术学？	梁 玖	北京师范大学艺术与传媒学院教授
什么是戏剧与影视学？		
	梁振华	北京师范大学文学院教授、影视编剧、制片人